KB272780

달려라 정봉주

달려라 정봉주

달려라 정봉주

초판 1쇄 발행 2011년 11월 25일
초판 16쇄 발행 2012년 4월 27일

지은이 정봉주
펴낸이 변선욱
펴낸곳 왕의서재
기 획 양해준
편 집 장시중
마케팅 변창욱, 이지연
디자인 출판iN

출판등록 2008년 7월 25일 제313-2008-120호
주 소 서울특별시 서대문구 합동 116 SK리쳄블 1507호
전 화 02-3142-8004
팩 스 02-3142-8011
이메일 latentman75@gmail.com

필름 출력 스크린그래픽센터
인쇄·제본 삼조인쇄(주)

ISBN 978-89-93949-46-9   03340

달려라 정봉주

정봉주 지음

책을 썼다

현역 국회의원 시절에도 책을 쓰지 않았다. 교육 전문가를 자칭하다 보니 교육 관련 책을 준비해놓은 것이 있었는데 책으로 펴내지는 않았다. 그런데 현역일 때도 펴내지 않았던 책을 지금은 낙선한 백수 신세인 데다 낙동강 오리알 신세임에도 용감하게 썼다. 주제넘은 일인 것 같다.

현역 시절도 그랬고 팬 카페에서도 그러하듯이 지금도 칼럼 형식의 글은 적지 않게 쓰는 편이다. 내 생각도 얘기하고 싶고 무엇보다도 사람들과 소통하고 싶어서이다. 그렇게 글을 많이 쓰면서도 책을 쓰지 않았던 이유는 간단하다.

책을 쓸 정도로 훌륭한 지식을 갖추지 않았고 내 자신이 누군가에게 인생의 격언이 될 만한 말을 할 정도는 아니라고 생각하기 때문이다. 나만큼 열심히 사는 사람은 지천에 깔려 있고, 그래서 남들에게 뭔가 좋은 말을 하고 그들에게 귀감이 될 자격이 없다고 생각했다. 그런 생각은 이 책을 쓰는 내내 머릿속을 떠나지 않았다.

그런데 책을 썼다.

그냥 살아온 인생의 자전적 소설, 자전적 에세이는 조금 더 지나서 쓰고 싶었다. 난 많은 분들이 오해하는 80학번이 아니라 80년생이니까, 아직은 어리지 않은가. 그런데 당원들의 교육과 '나는 꼼수다'(이하 「나꼼수」) 덕분에 전국 방방곡곡 강의를 다니면서 느낀 것은 나의 강의가 그다지 수준이 높거나 깊은 지식을 담고 있지 않음에도 청중들과 공감대가 형성되는 부분들이 많다는 점이었다.

강의를 듣는 많은 사람들이 이미 내 강의의 내용을 알고 있었지만, 강의를 통해 같이 이야기를 하면 확인이 되고 그 확인이 확신으로 옮겨 가는 경우들이 많았다. 그 과정에서 감동이 생겼다. 도움이 되는 내용과 결과물들도 뒤따랐다.

특히 힘들어하는 어려운 사람들, 젊은 청년들, 소외받는 사람들이 내 얘기에 힘을 얻는 경우를 많이 보았다. 그래서 결심했다. 높은 지식 절대 아니고, 훌륭한 사람 더더욱 아니지만 함께 이야기하면서 힘을 얻는 사람이 단 한 분이라도 있다면, 내 얘기가 정말 도움이 된다면 더 망설이지 말고 얘기를 하자, 그리고 내 글로 새로 도전할 수 있는 힘을 만들어보자, 이런 생각으로 책을 썼다.

많다, 참 많다.

할 말이 참 많다. 내 정치 인생을 관통한 BBK 얘기며 교육 문제, 이 정권의 문제점 등등……. 기회와 무관하게 다시 온몸을 드러내놓고 부딪치고 싸우고 싶은 그런 주제들이 글을 쓰다 보니 수도 없이 튀어나오려 한다. 열정에 불이 붙는 것 같은 느낌이다.

하지만 이 글은 다시 전투 모드로 들어가는 출정 선언문은 아니다. 다시 시작할 인생을 포괄적으로 얘기할 뿐이다. 해야 할 말과 다음에 할 말을 구분했다. 절제된 심정으로 토해냈다. 독자들과 청중들과 넓은 소통의 공간을 만들고 싶었다. 내가 갖고 있는 것, 이만큼 얘기할 터이니 당신도 이만큼 마음을 열라는 하나의 제안이다. 시끄럽고 줄기차게 깔때기만 들이대는 정봉주가 무슨 생각으로 사는지, 또 내 마음속에 똬리 틀고 있는 것이 무엇인지 보여주고,

그게 보탬이 되고 힘이 된다면 한번 소통해보자는 소통의 제안서
이다.

처음부터 직접 다 썼다.

폭풍집필이었다. 중간에 힘이 들 때 대담작가 지승호 씨가 도움
을 주겠다고 트위터로 연락을 해왔다. 급한 마음에 그가 내민 손을
잡고 싶은 마음이 굴뚝같았지만 떳떳한 나만의 족적을 남기고 싶었
다. 혹평을 받더라도 직접 이루어내고 싶었다. 그래서 끝까지 홀로
묵묵히 완주했다. 눈물 같은 땀을 뻘뻘 흘리면서도 흐뭇한 웃음을
짓고 있는 '달리는 정봉주'의 모습을 떠올리면서 끝까지 내달렸다.

내 인생의 스타일, 깔때기를 들이대지 않을 수 없었다. 깔때기 없
는 정봉주는 '아름다운 영혼'도 아니고 '치명적인 매력'도 아니다.
그저 내용 없고 지루한 개똥 철학자에 불과하다.

청춘들에게, 인생의 도전 현장에서 어려움을 겪고 있을 젊은 세
대에게 바치는 나의 마음도 담았다. 좌절하지 말라며 그들의 지친
손을 잡아주는 심정으로 내 마음을 담았다.

젊은 그들에게 주장한다.

지금까지 냉소를 입에 문 채 팔짱 끼고 고집스럽게 앉아 있던 자리에서 박차고 일어나라. 주인공 정치의 1인으로 모드 전환하라. 젊은이들이 나서지 않으면 후진하는 대한민국의 현실을 결코 되잡을 수 없다. 그리고 당당하게 성공하고 싶은 당신의 인생을 더욱 멋지게 빛내기 위해서라도 주인공 정치의 새로운 문을 열라고 목청 높여 주장한다.

작지만 힘이 되고 싶다.

힘들어하는 사람에게 이렇게 망가지고 나락에 떨어졌던 나도 일어나고 있으니 당신도 일어나라고 지친 손을 잡아주고 싶었다. 결과가 어떠할지는 모르겠다. 하지만 함께 손을 잡고 가면 서로 뜨거운 위로가 되지 않겠는가.

「나꼼수」 친구들의 말없는 우정에 목이 멘다.

그런데 정말 말이 없다. 나한테 관심 좀 가져줘! 이 어렵고 험한 세상에 서로 의지하고, 작지만 '빛과 소금'이 되려는 그들의 노력에 박수를 보낸다. 더없이 큰 격려요, 힘이다.

그리고 이 시대, 2011년 대한민국의 일그러진 자화상이 낳은 세계 최대의 정치, 경제, 사회, 문화 상품인 「나꼼수」에 대한 얘기도 빠트릴 수가 없었다. 나를 포함해 「나꼼수」의 F4인 김어준, 주진우, 김용민 대(對) 후진 기어를 넣고 뒷걸음질 치고 있는 대한민국의 일그러진 현실과의 멋들어진 한판 춤사위인 「나꼼수」.

「나꼼수」를 제대로 알고 싶어 하는 전 세계 70억 인구 중 언론학, 방송학, 정치학, 사회학을 전공하거나 관심 갖고 있는 사람들은 이 글을 피해 갈 수 없다. 「나꼼수」를 제대로 분석한 '현장 친화적'이며 '주체 참여 분석적'인 논문 스타일의 르포이기 때문이다. "「나꼼수」를 이해하고 싶은 이들이여, 『달려라 정봉주』를 반드시 읽어라"라고 외치는 심정으로 글을 썼다.

말만 들어도 가슴 벅차다.

'정봉주와 미래권력들', 인생의 새로운 동지와 벗을 만난 것은 하늘의 선물이다. 전국, 더 나아가 세계 곳곳에서 함께 웃고 기뻐하고 슬퍼하면서도 가야 할 이 길, 어깨 걸고 끝까지 갈 '정봉주와 미래권력들!', 정봉주의 진짜 친구들이다. 내 몸 같아 참 든든하고 고맙다.

만난 지 27년째다.

기쁠 때나 힘들 때 늘 함께해준 아내에게 감사하다. 태어난 날도 다르고 살아온 곳도 다르지만, 마지막에 갈 때는 한날한시에 같이 가기로 한 아내, 그 큰 힘은 이루 말할 수 없다. 생이 다하는 날까지 사랑한다는 말 잊지 않겠다.

연로하신 어머니와 장모님 두 분 모두 생존해 계신 것도 큰 기쁨이다. 두 분 어머니 건강하게 더 오래 사셨으면 참 좋겠다. 그래야 힘이 되어서 더 열심히 달릴 수 있을 것 같다. 아이들, 내 아이들로 태어나줘서 고맙다. 역시 일어나는 데 늘 큰 힘이다.

일면식도 없었던 대학 후배들이 책 내자고 제안했을 때 선뜻 받아들였다. 낚인 것이다. 앞으로도 기꺼이 낚이겠다. 참 기분 좋고 흥겨운 함정이었다. 책 내는 데 다들 고생했다.

함께 달리는 여러분.

이 책이 쓰러질 때 다시 일어서겠다는, 힘들 때 고개 들어 하늘을 다시 한 번 바라볼 수 있는 힘이 되기를 빌어본다. 모두들 힘들어도, 달리고 또 달리자!

4부 정봉주의 快 쾌

■ 국가지도자는 반드시 검증받아야 한다 »

1부

정봉주의

「나꼼수」 현상이 대한민국을 뒤덮고 있다. 방송 시작 불과 6개월 만에 시대의 아이콘으로 떠올랐고 서울시장 보궐선거로 그 위력을 과시하기도 했다.

보수 언론들은 위기감에 치를 떨며 「나꼼수」에 방송된 내용을 '괴담'으로 몰아붙이고 있다. 그럼에도 「나꼼수」는 절대 쫄지 않는다. 「나꼼수」로 달라질 언론 환경과 사회 변화, 앞으로가 기대되는 이유이다.

위대한 **탄생** 「**나꼼수**」

총수! 우리도 운명이다

김어준 총수에 대한 기억은 「딴지일보」가 막 뜰 때였던가? 한 10년 도 더 된 것 같다. 「한겨레 21」 기자로 있던 친구한테 들었다. 낮술 한잔 하다가 누구와 통화를 하고는 뜬금없이 자랑질을 해댔다. 김 어준이라는 특이한 놈이 하나 나왔다고. 스스로 언론사 사주이며 총수라고 하는 놈인데 아주 물건이라고 입에 침이 마르도록 칭찬 했다. 특이한 기획으로 지랄 맞은 이 시대에 통쾌한 똥침을 날리고 있다고.

그 시절은 사업하면서 돈 잘 벌고, 등 따습고, 배부르게 탱자탱자 하면서 잘 지내고 있을 때였다. 별 관심도 없었다. 술이나 마셨다.

1. 정봉주의 通

손석희 교수의 「시선집중」에 국회의원으로 최다 출연했는데 아마 한 40회가 넘었던 것 같다. 두 번째로 많이 출연했던 의원의 출연 횟수가 20회를 조금 넘었으니 그보다 무려 두 배 가까울 정도로 언론이 '즐겨찾기'하던 정봉주였다.

그렇게 잘난 척하는 놈들은 밤하늘의 수많은 똥별처럼 한번 스쳐 지나갈 뿐이란 것이 내 지론이었기 때문이다.

그 후에 한 보수 신문사-아마 「조선일보」라고 들었던 것 같다-에서 그 총수의 언론사를 500억에 팔라고 했다는 소문이 자자했다. 나중에 김 총수와 안면을 튼 다음에 물어보니 500억은 다 낭설이고 뻥이라고 했다. 누가 생산해 유포시켰는지 모르지만 「딴지일보」는 결단코 아니라고 했다. 그 정도 값어치는 분명 없으니깐 말이다. 「조선일보」에서 뭐가 답답해 김어준한테 그 많은 돈을 쏘겠는가 말이다. 결국, 30억 투자하겠다는 사람은 있었는데 받지 못했다는 것이 '그 낭설'의 전부였다.

그렇게 세월은 지나갔고, 노무현 대통령이 탄생했으며 난 사업을 접고 느닷없이 국회의원이 되고 이러저러하게 언론에서 주목까지 받는 정치인이 되었다. 17대 국회, 그러니까 2004년부터 2008년까지 손석희 교수의 「시선집중」에 국회의원으로 최다 출연했는데 아마 한 40회가 넘었던 것 같다. 두 번째로 많이 출연했던 의원의 출연 횟수가 20회를 조금 넘었으니 그보다 무려 두 배 가까울 정도로 언론이 '즐겨찾기'하던 정봉주였다. 언론에서 자주 찾는 국회의원은 아무나 할 수 있는 게 아니다. 말 잘해야 하고 비주얼도 돼야 하고 논리까지 있어야 하기 때문이다. 이런 요소를 다 갖춘 국회의원은 정말 찾기 힘들다. 17대 국회였기 때문에 언론사에서도 힘이 좀 덜 들었을 것이다. 왜? 정봉주가 있었으니까!

국회의원들이 다 언론이나 방송에 노출되는 것을 좋아하는 것 같지만 꼭 그렇지만도 않다. 가만히 주의 깊게 살펴보면 알겠지만 나오는 사람들만 나온다. 단골로 나오는 분들은 한 20~30명 정도 될 것이다. 특히 카메라 들이대면 울렁증 있는 분들도 많고 예상하지 못했던 애드리브 질문, 현장 질문이라고도 하는데 그런 거 당하고 나서 방송 끝난 후에 방송국에 항의 전화하는 경우도 많다. 왜 약속도 안 된 질문을 했냐고. 그런데 나는 질문지 그대로 질문하면 짜증나서 질문지 보내지 말고 제목과 주제만 보내 달라고 한다. 생생한 인터뷰가 안 되기 때문이다. 그러니 언론에서 '즐겨찾기'한 것 아니겠는가.

그런데도 늘 질문지를 보내온다. 왜냐하면 작가들의 밥줄이 끊기기 때문이다. 그 자리 지키려면 뭐라도 해야 하지 않겠는가. 또 나 같은 국회의원만 있는 것도 아니니까. 어쨌든 우아하고 예리하고 콘텐츠까지 충분한데다 날카롭고 지성적인 '봉도사의 치명적인 매력'에 매료된 피디, 작가들 줄 서 있을 때였다. 이렇게 잘나갈 때이니 김 총수를 언제 어디서 만났는지는 기억이 안 난다. 아마도 당시 김 총수가 CBS에서 「저공비행」인지 뭔지 하는 프로그램을 진행하고 있을 때 우연히 출연한 것이 계기가 된 듯하다. 김 총수에게는 나를 알게 된 것이 벼락같은 축복이었을 것이다.

잘 알다시피 제도권 방송인 공중파에서도 김 총수의 진행은 독특하다. 모범적 진행은 '개나 갖다 줘라' 하는 식이다. 나와서 점잖게 권위 잡고 개폼 잡고 있으면, 특히 정치인들에게는 반드시 틈을 봐서 점잖게 조지고, 농담 날리듯이 느닷없이 다가가서 당황하게 만드는, 어쨌든 그런 인간들에게 똥침 한번 제대로 날리는 것이 김 총수 방송의 특징이다.

파격의 전형이다. 방송 피디들 중에는 이런 점을 높이 사 김 총수만 선호하는 분들이 적지 않다. 물론 비호감이라는 분들도 있다. 잘난 척한다고. 김 총수와 친한 사람들은 '가카' 등장하고부터는 방송국 사주가 알아서 기는 바람에 다 한직으로 밀려나 있다. 이런 진행 캐릭터 앞에 어느 날 문득 강호를 주름잡던 '인간 정봉주'가 등장한 것이다.

그렇게 방송에서 만났다. 타고난 천성이 가볍고 행동이 경박하기 이를 데 없는 봉도사 아닌가? 이런 봉도사가 등장했으니 천하의 김 총수도 당황 모드였다. 그래도 온에어 불이 켜진 초반에는 이런 경박하기 이를 데 없는 내공을 노출시키지 않으려고 적당히 점잔을 빼기도 했다.

그러다 점차 절세 불멸의 내공이 등장하기 시작했다. 20세기 제도정치권에서는 전혀 용납될 수 없는, 그러나 21세기 정치 지형에서는 한번 관심을 가져볼 만한 유쾌 발랄한 세상을 향한 최종병기 정봉주의 등장. 그리고 이 시대 똥침 교주와의 운명적 만남은 기억도 할 수 없는 날 느닷없이 이루어졌다.

방송 중에 봉도사의 말이 끝없이 길어졌다. 노무현 대통령조차 당황하게 만든 아무도 말릴 수 없는 방언이 시작된 것이다. 네버 엔딩 스토리. 진행을 맡은 김 총수 태클 들어오려고 우물쭈물하는 게 다 보였다. 봉도사 개의치 않았다. 순간 김어준 내질렀다.

"의원님, 시끄러워요!"

순간, 스튜디오 안에 있던 의원들 표정이 굳어졌다. 밖에 있는 스태프들도 사색이 되었다. 생방송이라 편집도 안 되는 상황에서 현역 국회의원에게 시끄럽다고 소리를 쳤으니 이건 확실한 방송 사고다. '정봉주가 화라도 낸다면……' 스태프들 입장에서는 그야말로 대형 사고였다. 그런데 말이 끝나기가 무섭게 박장대소를 하며 웃어대는 정봉주. 김 총수도 기다렸다는 듯이 웃어대기 시작했다. 웃음 폭발, 지금 「나꼼수」에서처럼 말이다. 그처럼 첫 만남부터 나와 김어준은 범상치 않았다. 서로의 내공을 눈치 챈 것이다. 빅뱅이었다.

같이 출연한 의원들과 스태프들의 놀라던 표정이 지금도 생생하다. 현역 국회의원에게 시끄럽다고 소리 지르는 진행자나 좋다고 같이 박장대소하는 의원이나 그들이 보기에는 너무나 이해할 수 없는 정신 나간 사람들에게서나 볼 법한 풍경이었을 것이다. 그때 황당 모드로 당황한 의원님들, 지금은 국회의사당에 안 계신다. 거의 다 낙선해 백수됐다.

그것이 인연이었다. 그 이후로 각 방송국을 떠돌 때마다 같이 묶여서 다녔다. 김 총수가 진행하는 프로그램이면 일주일에 한 번은 꼭 고정출연하면서 17대 내내 날카로운 이빨을 갈고닦았다.

정봉주 18대 낙선, 김어준 알아서 짤려 주고……

한동안 각자 도생의 길을 걸었다. 만나는 것도 뜸해졌다. 낙선의 충격이 조금 가시고 한가해질 무렵 여의도에서 다시 만났다. 2차 빅뱅이었다.

만나자마자 김 총수가 대뜸 "개인 미디어 시대가 열린다. 어떻게 할 거냐? 뭐라도 준비해야 되지 않겠느냐" 하며 함께 고민을 요청했지만, 정봉주한테 진지한 게 어울렸겠는가. 그냥 여의도 스타벅

낙선 후 유일하게 얻은 프로그램 「정봉주의 PSI」 녹화 현장. ©최영민

스 2층 낙원식당의 단둘이 들어갈 수 있는 골방에서 점심 먹고 농담하다가 헤어지는 것이 전부였다. 괜히 여자 사장님이 서빙하시느라 방에 들어오면 농담이나 하면서……. 뭐 백수들이 다 그런 거 아닌가? 백수가 고상하면 백수 아니지.

그렇게 일 년이 넘게 드나들면서 뭔가를 꾸준히 의논했지만 손에 잡히는 성과는 하나도 없었다. 성과라고는 한겨레 하니TV 「정봉주의 PSI」 하나 건진 게 고작이었다. 「PSI」도 한겨레에서 하자고 해서 시작한 것도 아니었다. 김 총수가 이미 몇 개월 전에 한겨레의 하니TV에서 「김어준의 뉴욕타임스」를 시작했고 그러다가 한겨레에 정봉주 프로그램 하나 만들자고 제안했던 것이다.

그런데 즉각적으로 반응이 나오지 않자 연초 특집 프로그램으로 한 번만 해보자고 했다. 반응이 좋으면 정규 프로그램으로 해보자고 하면서. 그렇다고 비굴하게 매달리거나 하진 않았다. 난 절대 그

　　　　　　　　　　　　　　　　　　　　　　1. 정봉주의 通

럴 사람이 아니지 않은가, '가오'가 있는데.

아무튼, 우여곡절 끝에 한 편이 나갔는데 '살짝' 터졌다. 그랬는데도 한겨레의 반응은 시큰둥했다. 결정을 못하고 있었다. 결정이 임박했을 때다. 전화 통화를 했다. 매달린 건 아니다.

"김 총수, 어찌 됐어요?"

"또 얘기했으니깐 좀 기다려봐요. 세게 푸시하고 있어요. 근데 한겨레도 돈이 없으니까. 출연료도 있고 제작비도 들어가니까, 그러니까……."

"아! 그러면 얘기해보고 돈 문제 때문이라면 출연료는 안 받겠다고 얘기 한번 해봐요. 방송만 할 수 있으면……."

다시 한 번 강조하지만 매달린 건 아니다. 단지 나는 내 안에 쌓인 하고 싶은 말을 토해내고 싶었을 뿐이다. 전화를 끊는데 집사람이 옆에서 안쓰러운 듯이 쳐다보았다. 무엇이든 해보려고 기를 쓰면서 억지로 매달리는 모습이 가련해 보였나 보다.

한겨레 하니TV 시작하고 또 쌩쌩 열심히 달리고 있는 와중에 서울시장 선거가 시작되면서 「한명숙 TV」도 했다. 하루 10시간 가까이 한 적도 있었지만 신이 나서 방송했다. 그 여파로 지금은 전설이 된 정봉주 팬 카페 '정봉주와 미래권력들'도 이 무렵 탄생했다. 하지만 새롭게 도래할 것 같은 SNS 시대를 주도할, 개인 미디어 시대를 풍미할 아이디어는 쉽게 떠오르지 않았다.

목사 아들 돼지, 밥 세 공기 그리고 화룡점정

그러저러하게 시간은 깨지고 그 와중에 김 총수도 뭘 한답시고 설치다가 돈도 수억 날렸다. 나 역시 당 최고위원 선거에서 계파정치 안 하겠다고 하다가 그 패거리들에게 밀려서 또 떨어지고. 이래저래 힘든 시기를 버티고 있었다.

그래도 낙원식당은 꾸준히 드나들었다. 일 년이 넘도록 골방에서 남자 둘이 점심 먹고 낄낄거리며 지냈더니 식당 아줌마들 사이에 소문이 났다. 나야 여의도에서는 잘 알려진 인물이지만, 김 총수는 잘 모르는 데다 털복숭이라 혐의가 더 짙었나 보다.

그렇게 별 소득 없이 지나가는 날들이 이어졌다. 인터넷 아프리카 방송의 문용식 대표를 만났다. 우리 구상을 얘기했다. 둘이 정치평론 프로그램을 하려는데 코미디 프로 '웃고 또 웃고'에 나오는 것처럼 별 풍선 받고는 하기 어렵지 않느냐, 그러니 회사 차원에서 프로모션이라고 생각하고 투자를 해보라고 제안했지만 한동안 답이 없었다. 돌아온 답은 정치 아이템은 하지 말고 당시 김 총수가 한겨레에서 진행하던 인생 상담만 하되 그것도 정봉주 빼고 단독으로 하자는 것이었다. 아마 정치인이 고정으로 출연하게 되면 회사 차원에서 지원하는 것이 부담스러웠던 것 같다.

고맙게도 김 총수가 '정봉주와 같이하지 않고 비정치적인 것이면 할 수 없다'고 거절했다는 것을 나중에 들었다. 한겨레 하니TV에도 스튜디오만 빌리고 법적 책임은 우리가 지는 것으로 해서 조금 더 정치적인 프로그램을 해보자고 제안했다. 한겨레 이름은 빼는 것으로 하고. 우리 제안이 어느 단계까지 올라갔었는지 알 수 없지만 아무리 「한겨레」라 해도 언론사 입장에서 덜컥 받아들이기에는 부담스러운 제안이었을 것이다. 그때도 지금의 「나꼼수」 수준까지 구상하고 있었으니 말이다.

답답한 마음으로 시간만 죽이고 있었다. 어느 날 김 총수가 느닷없이 목사 아들 돼지를 합류시키자고 제안했다. 그리고 그다음 주에 돼지 김용민이 나타났다. 당시에는 그렇게 뛰어나고 품성이 훌륭한 피디인지 몰랐다. 점심에 밥을 두 그릇 추가로 시켜 먹었던 기억밖에 안 난다. 그때는 모든 식대를 내가 계산할 때였다. 벼룩의 간을 빼 먹지, 낙선 백수 의원을 그렇게 빨아먹다니. 그렇게 몇 번을 더 만났다. 만날 때마다 밥값을 걱정해야 했다. 그러던 중에 녹음실을 확보했으니 녹음을 하자고 했다.

그렇게 「나꼼수」 1회 녹음을 시작했다. 「나꼼수」라는 제목도 녹음 당일에 떠들어 대다가 겨우 만들었다. 사실 녹음하면서도 시큰둥했다. 어느 플랫폼에 올릴지 확정도 되지 않은 상태였기 때문에 이게 과연 될까 하는 회의가 많이 들었다. 녹음을 열심히 하긴 했지만 별로 흥이 나지는 않았던 기억이 난다. 워낙 말하기를 좋아하니깐 그냥 즐겁게 한 것 같다. 말하기를 얼마나 좋아하면 광고를 주겠다는데도 떠드는 시간 줄어들까 봐 안 받는 방송이다.

방송 올리자마자 어떻게들 찾아보았는지 바로 대박 조짐이 보였다. 그리고 몇 회 올리기도 전에 대박이 났다. 「나꼼수」의 탄생은 그렇게 적지 않은 시간이 흐른 뒤에 벼락처럼 찾아왔다.

어느 날 아침에 눈을 떠보니 느닷없이 스타가 되어 있었다고 생각하는 분, 인생이 그리 쉽게 술술 풀려왔는지 묻고 싶다. 아마도 아닐 것이다. 각고의 노력이 있었기에 가능했을 것이다.

「나꼼수」 대첩

밥 가지고 장난치지 마라

「나꼼수」는 우리 사회의 진정한 현실을 파고든다. 언론이 제 사명을 다하지 않는데, 아니 못 하고 있는데 국민의 억울한 목소리는 어떻게 전달할 것인가. 그리고 국민이 서로 어떻게 소통할 것인가를 따져 물어보면 이명박 대통령(이후 MB로 표기) 정권 아래서는 안타깝게도 답이 없다. 그나마 몇몇 진보 매체가 있지만 보수 언론의 장악력이 워낙 뛰어나다 보니 늘 무기력함만 느낄 뿐이다.

「나꼼수」의 주제는 분명하다. 숨겨진 정권의 의도를 찾아내는 것이다. 보수 언론이 왜곡하는 것, 감추고자 하는 것을 집요하게 찾아내 들춰내는 것이다. 그리고 국민과 함께 소통하는 것이다. 이런 생각을 하던 차에 「나꼼수」에서 다룰 적합한 주제가 나왔다. 바로 오세훈 전 시장의 무상급식 반대 투쟁이었다.

무상급식을 할 것이냐, 아니면 선별적으로 할 것이냐는 그렇게 간단한 논쟁이 아니다.

"부자 아이들에게까지 무상급식을 할 필요가 있는가?"라고 물으면서 이를 포퓰리즘으로 몰고 간 한나라당과 오세훈의 주장은 의제의 성격이 아니었는데도 서울 시민 상당수에게 먹혀들기 시작했다. 게다가 오세훈의 대권에 대한 욕심과 한나라당 내부의 역학 관계 등 상당히 복잡한 변수들이 얽히고설켜 있었다. 이것이 바로 오세훈의 무상급식 반대 논쟁의 숨은 의미였다.

가장 중요한 것은 무상급식을 실시할 것인가 말 것인가가 아니었다. 무상급식을 어떻게 쟁점으로 이끌어가고 이를 보수와 진보의 대립 전선으로 만들 것인가가 오세훈의 의도였다. 그 저변에 "부자 아이들에게도 급식을 할 필요가 있느냐?"는 문제를 걸어버리면 반수 이상이 동의할 것이라는 자신감도 작용했던 것으로 보였다.

이런 가운데 중요한 것은 한나라당내 친이, 친박의 역학 관계였다. 가장 강력한 대선 후보인 박근혜 의원에 대한 뚜렷한 대항마가 없었던 친이계로서는 누군가를 대항마로 키워야 할 필요성이 있었다.

이런 역학 관계와 맞물린 오세훈의 대권 욕심이 무상급식이라는

    1. 정봉주의 通

소재를 물고 들어간 것이다. 적어도 「나꼼수」에서는 이렇게 봤다. 여기에 동의할 것인지 여부는 청취자와 국민의 몫이다. 그런데 만일 이런 분석이 맞다면-결과적으로는 적중되었다고 판단되지만-이런 장황한 구중궁궐의 깊은 애기를 누가 할 것인가? 「나꼼수」가 할 수 있는 가장 적합한 주제가 나타난 것이다.

베스트셀러 '오세훈과 빅 엿'

한편이 말하면 다른 한편이 답했다. 때론 그 반대로 이어지는 치열한 대화가 이어졌다. 「나꼼수」 청취자들을 사이에 두고.

　「나꼼수」가 첫 의문을 던졌다. 당신의 대권 욕심으로 아이들 급식이 볼모로 되고 있다고. 그리고 무상급식을 주민투표에 걸고 하겠다는 것, 이를 중심으로 대한민국 보수라고 하는 수구들이 총 단결하는 모습을 보이는, 마치 대선이 미리 치러지고 있는 듯한 이 형국은 당신 뒤에 엄청난 힘을 갖고 있는 또 다른 기획자가 있기 때문이 아닌가라고 말이다. 오세훈은 답했다. 긴급기자회견을 갖고 대

 　　　　　　　　　　　　　　　　　　　　　달려라 **정봉주**

권에 불출마 선언하겠다고. 우리는 웃었다. 걸려들었다고.

「나꼼수」는 호외 편에서 다시 물었다. 아무도 당신의 대권 도전에 관심이 없다고. 주민투표는 결국 투표함도 열지 못할 것이고, 그래도 당신은 서울시장직을 그만두지 못할 것이라고 재차 꼬드겼다. 또 걸려들었다.

오세훈 시장이 답했다. 주민투표에 서울시장직을 걸겠다고! 주민투표가 무산된 뒤 이제 「나꼼수」는 여유 있게 분석하며 지적했다. 당장 그만둘지 아니면 총선 뒤에 그만둘지 그것은 이미 당신의 손을 떠났으며 한나라당의 뜻일 거라고 지적했다. 또 꼬드긴 것이다. 그런데 또 걸려들었다. 「나꼼수」 예언 적중률 100퍼센트.

오세훈은 이번에는 대답 대신 행동으로 보여줬다. 당장 그만두겠

1. 정봉주의 通

다고 하면서 전셋집 걱정을 하며 홀연히 강북으로 떠난 것이다. 엄청난 「나꼼수」의 열혈 애청자였나 보다. 물으면 생각할 틈도 없이 바로 답을 하니 말이다. 한나라당 지도부들의 극구 만류도 단호히 뿌리치고. 이쯤 되면 한나라당의 X맨이라고 해도 과언이 아니다. 오세훈과 정치적 상황을 두고 주거니 받거니 하면서 국민적 관심을 모으고 주민투표의 의미와 정치적 역학 관계를 분석한 것은 서울시민들에게는 큰 의미를 부여했다.

다음으로는 서울시장 재보궐선거, 본 게임이었다. 보수 언론에서는 아침저녁으로 한나라당 나경원 후보의 소식으로 도배를 하고 있었다. 민주당 후보로 나선 박영선 후보와 박원순 시민사회 후보는 언론에서 형식적으로만 보도할 뿐이었다. 두 후보에게 치고 들어올 네거티브 전략에 대응할 필요가 있었다.

정치적 성향을 분명히 하고 있는 「나꼼수」로서는 가장 적절한 역할이었다. 이른바 '박 대 박(박원순 대 박영선)' 아바타 토론이었다. 정봉주, 김용민이 박영선 아바타 역할을 맡았고 김어준, 주진우는 박원순 아바타였다.

방송의 의도는 분명했다. 두 후보 중 누가 진보 진영의 후보가 되든 예상 가능한 네거티브 요소를 모두 드러내 더 이상 이를 문제 삼지 못하도록 하겠다는 것이었다. 후보 보호 프로젝트였다. 그러기 위해서는 가급적 후보의 발언을 자제하도록 제어하고 아바타들이 한없이 망가져야 한다는 전략이었다. 사전에 전략회의나 기획회의를 하지 않는 「나꼼수」다 보니 이런 의도가 후보들에게 잘 전달될 리 없었다.

'맑은 영혼의 소유자' 정봉주가 「나꼼수」 1회부터 시작된 전체 방송 중 가장 많은 욕을 먹은 방송이었다. 역할에 가장 충실하기 위해 가장 나대고 많이 망가졌는데 다른 분들이 조금 적게 그러다 보니 나 혼자 나댄 것으로 보인 것이다. 마치 청취자들의 관심을 더 많이 받기 위해 그런 것이 아닌가 오해하는 분들도 적지 않았다.

그런데 방송이 진행되면서 사고가 생겼다. 기획의도가 잘 전달되지 않은 탓인지 방송을 진행하다가 편집하겠다고 예고했는데 전달이 잘 안 된 것이다. 그 내용을 듣지 못한 채 그냥 방송이 진행된 대로 나갈 것이라고 생각한 박영선 후보와 김어준 총수가 서로 감정이 격앙된 가운데 방송 녹음을 마치자 심한 말다툼을 벌인 것이다.

좋은 의도가 무산될 위기에 처했다.

힘들게 말리긴 했지만 감정은 서로 격해졌고 방송 내용이 잘 정리되지 않으면 자칫 민주당에 위협을 줄 수도 있는 방송이 될 처지였다. 민주당만 죽이는 것이 아니라 잘못하면 「나꼼수」 또한 곤란한 처지에 빠질 것 같은 위기감이 들었다. 방송의 편집을 두고 고민에 빠졌다. 그런데다 민주당 측에서는 두 분이 감정이 격해져 말다툼을 하고 있는데 민주당원인 정봉주가 당을 변호하지 않았다는 오해까지 하게 되었다. 엎친 데 덮친 격이다. 민주당 지도부와 선거 캠프 책임자들이 계속 전화하면서 우려를 전했다. 잘못하면 나도 정치적으로 우스운 꼴이 될 것이고 그러다 보면 2007년 대선 국면에서 BBK 문제를 함께 제기하며 정치적으로 우정을 쌓아왔던 박영선 의원과도 서먹한 관계가 될 것 같았다.

무엇보다도 진보 진영의 후보들에게 도움을 주려 했던 기획이 수포로 돌아갈 상황이었다. 수십 번을 들어보면서 편집에 또 편집을 했다. 김용민 교수, 김 총수는 거의 사흘 동안 한숨도 자지 못했다. 편집된 것을 내게 보내고는 의견을 주고받고 또 편집에 들어가기를 반복했다. 그만큼 「나꼼수」의 영향력이 커진 것도 있지만 정치적으로 무척 민감한 사안이기도 했다.

트위터와 페이스북 등 SNS에서는 난리가 났다. 업데이트될 시간이 한참 지났는데도 파일이 올라오지 않았기 때문이다. 비밀이 어디 있겠는가? 당시 녹음 내용도 이리저리 흘러나가면서 기사가 나오기 시작했다. 결국 사흘 만에 파일이 올려졌다. 정말 환상적으로 균형 잡힌 최고의 편집이었다. 민주당 17대 의원을 함께 지냈던 의원들 중 박영선 캠프에 있는 분들에게서 전화가 왔다. "정 의원, 수고했어."

박원순의 유모차 부대

2011년 10월 3일, 드디어 야권의 경선 날이었다. 젊은 층의 관심을 끌 요량으로 오후 3시부터 「나꼼수」 팬 사인회를 열었지만 나만의 사인을 받기 위해 온 거의 대부분의 팬들을 뒤로한 채 혼자서 빠지기로 했다. 팬들도 중요하지만 당도 중요하기 때문이다.

미안한 마음을 가득 안고 그렇게 사인회를 뒤로한 채 투표장으로 향했다. 투표장 앞에서 박영선 후보를 만나 포옹을 했다. 「나꼼수」 파일이 올라간 뒤로 지난 며칠간 생겼던 오해가 사라진 것 같아서 다행이었다. 서로 밝게 웃음을 교환했다. '나의 BBK 동지 박영선. 안 삐쳐서 정말 다행이다.'

박원순 후보가 민주당이 제기한 경선 룰을 전격 수용하면서 별 잡음 없이 경선이 이루어졌다. 구태의 경선처럼 버스를 동원해 민주당원들을 실어 나를 순 없었지만 승합차라도 동원해 그들의 편의를 돌봐야 했다. 「나꼼수」로 정봉주의 인지도가 대폭 상승했지만 그래도 민주당원 아닌가. 더구나 함께 고생한 BBK 동지 아닌가. 배신할 수는 없었다.

초반에는 민주당원들이 기선을 제압하더니 중반을 넘겨 종반으로 치달으면서 유모차를 위시한 젊은 층의 표가 많아지기 시작했다. 깨끗한 후보 박영선이지만, 결국 '대세' 박원순의 젊은 표를 이기지 못했다.

박원순 후보가 범야권 시민후보로 확정되면서 우리 「나꼼수」 팀도 바빠졌다. 고민에 빠져들기 시작했다. 박원순 후보를 향한 네거티브가 상상 이상의 위력을 발휘했기 때문이다. 차이가 많이 났던 지지율이 점차 좁혀진다는 여론조사팀들의 보고가 있었다. 박원순 캠프는 민주당 등 야당과 시민사회 연합군이었는데 그러다 보니 더 우왕좌왕이다. 「나꼼수」 내부에서도 한나라당이 말도 안 되는 네거티브를 갖고 조직적으로 유권자들의 감성을 건드리는 것을 보고 대단히 고단수 수법이라며 감탄하기도 했다.

이런 상황으로 봐서는 한나라당 홍준표 대표가 직접 진두지휘하고 기획했을 것이라는 낌새를 챘다. 소년 박원순이 13세 때 벌어졌던 망자 입양 문제, 학력 문제, 대기업 협찬 문제 등 우리 입장에서 보면 말 그대로 본인의 의지와는 전혀 관계없이 얽히고설킨 삶 속에서 나온 것들 아니었던가. 본인이 선택한 문제도 아닌 것을 검증이라며 걸고 들어오는 네거티브는 정말 말도 안 되고 이해도 안 되는 수준이었지만 보수 언론이 지겹게 나팔을 불어대니 효과가 있었다.

나경원 후보와의 지지율 격차가 줄어드는 것이 피부로 느껴졌다. 하지만 크게 걱정하지는 않았다. 일단 바닥의 분위기가 좋은데다 네거티브

■ 2011년 10월 26일 서울시장 재보궐선거에서 박원순 후보 지지 연설 중. ⓒ우

가 표심에 영향을 미치기 위해서는 길어봐야 7일 안에 치고 빠지기 작전으로 가야 했는데 투표일을 너무 많이 남겨놓고 네거티브를 걸었기 때문이다. 선거를 여러 번 치렀던 경험으로는 선거 중반을 넘어가면 한나라당의 네거티브는 위력을 잃을 것이 분명한데 그렇다면 우리 진영이 이에 대응할 준비를 갖춰야 했다.

「나꼼수」 팀은 전세를 역전시키기 위한 준비를 했다. 선거가 급해지면서 오랜 기간 정보를 갖고 있었고 조금 더 보완을 하기로 되어 있던 내곡동 대통령 사저 문제를 「나꼼수」에서 밝혀야 하는 상황이 되었다. 정통 시사주간지 「시사IN」 주진우 기자의 특종으로 내곡동 사저 매입 소식이 「나꼼수」를 시작으로 언론에 터지면서 한바탕 소용돌이가 몰아쳤다.

청와대, 한나라당, 그리고 나경원 캠프는 당황하는 모습이 역력했다. 나경원 캠프는 청와대 문제라며 꼬리를 자르려고 했다. 그러던 차에 또 다른 기회가 왔다. 한나라당 홍준표 대표가 「나꼼수」 출연을 자처했다. 기회였다. 느낌이 왔다.

기획회의라고 하면 죽기보다 싫어하는 「나꼼수」 멤버들이 이번에는 이리저리 다각도로 기획하기 시작했다. 상대가 당대 최고의 고수, 달변가 아닌가! 그런데 적진에 단기 필마로 들어오겠다고 했다. 자칫 잘못하면 잘해야 본전일 것이라는 판단이 들기도 했다. 전략을 세웠다. 홍 대표를 한껏 띄워주며 화기애애하게 놀면서 한나라당 비판, 특히 나경원 후보는 철저하게 제대로 간다는 것이었다.

1. 정봉주의 通

홍 대표에게 17대 국회의원 시절 나경원 후보가 내 사무실로 찾아와 아버지 학교 감사 건을 얘기했던 내용에 대해 물었다. 홍 대표는 당황하면서 그런 문제는 나경원 후보에게 직접 물어보라고 했다. 김용민 피디가 파일을 편집하고 있는데 이미 녹음하면서 말했던 내용들이 기사가 되어 돌기 시작했다.

발칵 뒤집혔다. 별 결점이 없어 보였던 나경원 후보 캠프가 휘청거리기 시작했다. 녹음 다음 날 나경원 후보의 학교 관련 내용을 올리지 말라는 압력이 들어오기 시작했다. 올릴 경우 허위 사실 및 명예훼손을 문제 삼아 법적 대응을 하겠다고 했다. 또 장기 편집에 들어갔다. 나는 이미 BBK 건으로 명예훼손 소송에 걸려 있지 않은가. 이번에 걸려들면 꼼짝없이 가중처벌될 게 뻔했다.

「나꼼수」팀들은 이번에는 법적 문제가 있을 수 있으니 더 신중하게 들여다보였다. 「나꼼수」파일 사상 최초로 문제가 될 것 같은 부분을 무음 처리했다. 청취자들은 궁금했겠지만 그 무음 처리된 부분에 들어갔음 직한 내용은 이미 언론에 다 나가고 난 다음이었다. 이 내용이 나간 뒤 며칠 동안 언론의 이슈가 되면서 나 후보 측의 상승세가 꺾이는 듯했다.

누나 전문 기자에게 걸려든 누나 나경원

그러다 핵폭탄이 터졌다. 나경원 후보가 다녔던 피부과의 회원 가

　　　　　　　　　　　　　　　　　　　　달려라 정봉주

격이 1억 원이라는 사실이 「나꼼수」를 통해 밝혀졌다. 그야말로 여론을 확 뒤집어놓은 핵폭탄급 사건이었다. 만일 부정하고 반박해오면 더 공개할 자료를 준비해놓은 상태였다. 시민들은 경악했다. 게다가 오세훈 전 시장까지도 같은 피부과에 다녔다는 사실에 충격은 더 컸다.

선거는 불과 며칠 앞으로 다가왔는데 나 후보 측에서 대응할 뚜렷한 카드가 나오질 않았다. 처음에 너무 화력을 집중한 탓이다. '완전히 무너지고 있구나' 하는 느낌이 강하게 왔다. 선거 중간 중간 유세장에 나타난 「나꼼수」 멤버들에 대한 서울시민들의 반응은 폭발적이었다. 온라인에서 나와 오프라인 유세장으로 갔을 때에도 「나꼼수」의 역할은 지대했다.

많은 사람들은 한나라당 나경원 후보 측과 관련된 검증 내용들이 모두 「나꼼수」에서 밝혀진 것을 두고 서울시장 선거에서 결정적 역할을 했다고 평가했다. 하지만 쌍방향 소통의 시대에, 게다가 개인 미디어 시대에 「나꼼수」가 정보를 독점했다는 사실은 있는 그대로 받아들이기 어렵다.

만일 제대로 된 언론이 살아 있었다면, 또 그들이 본연의 역할을 잘 해낼 수 있었다면 과연 「나꼼수」의 위상이 그렇게까지 대단할 수 있었을지 의문이다.

「나꼼수」가 서울시장 선거에서 위력을 발휘한 것은 대한민국의 언론이 짓밟히고 언론의 자유가 죽어 있다는 철저한 반증이기도

1. **정봉주**의 通

하다. 이런 사실을 국민은 정확하게 이해하고 있다. 서울시장 선거는 박원순 시장의 탄생으로 끝났고, 「나꼼수」 멤버들은 나경원 측에서 '1억 피부과 발언'을 문제 삼아 고발됐다.

'통'하다

'불통' 가카 vs '소통'「나꼼수」

「나꼼수」는 '불통 가카'와는 달리 철저한 소통의 산물이다. 소통을 억압한 시대에 소통을 선언하고 실천한 것이 바로「나꼼수」다.「나꼼수」의 소통은 현대사회에 가장 적합한 민주적 소통의 형태를 띠고 있다.

우선「나꼼수」는 쌍방향으로 이루어지는 자발적 소통의 형태를 취하고 있다. 누가 강요해서「나꼼수」를 듣거나 참여하는 것이 아니다. 여러 가지 판단과 형식으로「나꼼수」를 청취할 수 있다. 철저하게 자의적이고 자발성을 띤 소통의 형태다.

어떠한 내용이 논의되었고 그 반응은 어떠했는지의 여부가 쌍방향성을 규정하는 기준이다. 국민이 가장 원하는 것을 취합해 일방적으로 결정하지 않고 국민의 의사를 철저히 반영한다는 점에서도 「나꼼수」는 쌍방향 소통을 실천하고 있다.

또한, 「나꼼수」의 소통 방식은 수평적이다. 대등하고 평등한 소통이 특징이다. 권력과 지위를 막론하고 대등한 입장에서 자신들의 의견을 반영시키려 노력하고 또 이를 받아들여 논의가 이루어진다는 점에서 동등하고 평등한 교류의 장이다.

「나꼼수」는 서민적, 민중적 소통의 형태를 띠기도 한다. 「나꼼수」의 언어는 일반 시민들이 일상에서 사용하는 생활 언어를 그대로 담고 있다. 때로 육두문자가 난무하고, 있는 그대로의 생활 속 표현을 가감 없이 끌어들인다는 점에서 서민적 소통의 틀을 유지하고 있다. 때문에 가장 민중적이고 민주적인 대화 방식을 채택하고 있다.

가볍고 유쾌 발랄한 정치가 몰려온다

이처럼 철저히 민주적인 소통을 하는 「나꼼수」가 이 시대에 이처럼 먹혀들고 중요한 매체로 등장한 이유는 바로 권위적인 정치를 한없이 가볍고 유쾌 발랄하게 발가벗기기 때문이다. 이런 유쾌 발랄함이 20~30대 여성들을 토크 콘서트장으로 끌어들이고 있는 중요한 요소가 아닌가 싶다.

 　　　　　　　　　　　　　　　　　　　　　　　달려라 정봉주

「나꼼수」의 목적은 활발한 토론과 소통으로 세상의 진실을 있는 그대로 알리기 위함이다. 그리고 세상의 모습을 있는 그대로 나타내는 형태가 정치의 참모습이라는 것을 역설적으로 보여준다. 「나꼼수」에서 논의되고 있거나 「나꼼수」를 거친 정치는 철저하고 투명하게 속을 드러낸다.

「나꼼수」는 기존의 틀을 확실하게 깨부수는 새로운 정치를 지향하고 있다. 권위적인 정치, 무거운 정치, 어려운 정치를 깨뜨리는 것이 「나꼼수」의 역할이다.

기존의 정치는 정치를 특정 집단, 기득권층의 전유물로 만들어왔다. 지금까지 망가지고 깨진 정치는 정치를 남의 일인 양 외면했던 국민 모두의 책임이라는 것을 알린 것도 「나꼼수」다.

원래 정치의 모습이 어떠해야 한다는 규정은 중요하지 않다. 가볍고 명랑한 정치, 그래서 재미있는 정치의 틀을 「나꼼수」는 차근차근 만들어가고 있다. 정치는 심각한 것이 아니라 우리의 생활 속에 있다는 것을 누누이 강조한다.

'아, 정치란 이런 것이구나. 정치가 이렇게 가벼울 수 있고 이렇게 재미있을 수 있구나. 바로 정치는 이런 영역이었구나!' 하는 것을

경험할 수 있다는 의미다.

이제 국민은 「나꼼수」를 통해 정치가 자신들에게 되돌아오고 있다는 것을 서서히 알아차리고 있다. 원래 정치는 모든 국민을 위한 행위이다. 이런 의미에서 가장 민주적인 정치 행위의 본질적인 모습을 「나꼼수」가 몸소 보여주고 있다.

더 적극적으로 표현한다면 가볍고 즐거운 정치를 만들어 모든 국민이 정치를 해야 하며 정치를 외면하는 순간 정상적인 삶, 민주적 가치는 공격받을 수 있다는 것을 역설하고 알리는 것이 「나꼼수」의 가치이다. 그래서 「나꼼수」는 정치를 새로운 영역, 더 낮은 영역으로 가라앉히려 노력하고 있다. 원래 있어야 할 그 자리로 말이다. 그런 점에서 「나꼼수」에서 생산하는 정치는 21세기를 열어가는 새롭고도 진화된 모습이다.

정치는 결코 권위 있고 무거운 것이 아니라는 것을 온 국민이 알아야 한다. 그래야 하나하나의 정치 행위가 남의 얘기가 아니고 나의 문제라는 것을 깨달을 수 있다. 그렇게 정치를 즐겨야 한다는 것이 「나꼼수」의 결론이다.

즐거운 정치는 우리 삶을 지키고 더 행복하게 해줄 수 있는 수단이고 방법이 된다. 「나꼼수」에서 찾은 새로운 정치는 새롭고, 가볍고, 즐겁다. 그래서 누구나 부담 없이 참여할 수 있다

「나꼼수」 사회학

인기 폭풍상승

한국사회여론연구소의 전 국민 인지도 조사에서 「나꼼수」를 아는 사람이 60퍼센트 이상으로 나타났다. 국민 10명 중 6명이 「나꼼수」를 알고 있다는 뜻이다. 유력한 대권 주자 수준의 인지도다.

탄생 몇 개월 만에 말 그대로 가공할 만한 속도로 각종 기록을 연일 갈아치우고 있다. 나오자마자 국내 팟캐스트 기록을 모두 갈아치웠다. 세계 팟캐스트 순위도 1위를 차지했다. 그러자 국내 언론뿐만 아니라 세계 유수의 언론들이 「나꼼수」 열풍을 앞다투어 취재하면서 진짜 이유가 무엇인지 궁금해하고 있다.

정치, 사회 분야에서 진정한 한류가 불고 있다는 농담 섞인 평가도 나오고 있다. 이런 「나꼼수」 신드롬을 분석하는 것은 이제 사회학, 방송언론학, 정치학 분야에서 필수가 되었다. 도대체 「나꼼수」 신드롬을 가져온 배경과 원인은 무엇일까?

「나꼼수」의 성격부터 규정짓자면 현행 대한민국 법령으로는 '방송'으로 볼 수 없다. 팟캐스트라고 하는 애플사의 독자적인 플랫폼에 올려놓은 음성 파일 그 이상도 이하도 아니다. 개개인들이 이 플랫폼에 접속해 내려받아 듣는 방식이다. 무차별 대중에게 배포하지 않으므로 본인이 원하지 않는다면 듣지 않아도 된다.

SNS 상의 애플리케이션도 아니다. 왜냐하면 팟캐스트가 앱이 아니기 때문이다. 「나꼼수」는 팟캐스트에 올려진 음성 파일이다. 이것이 정확한 개념이다. 인터넷 방송 등 다양한 표현으로 설명하고 있지만 모두 정확하지 않다. 그냥 음성 파일이다. 「나꼼수」를 법적으로 규정하는 것이 중요하기 때문에 「나꼼수」는 이런 음성 파일이라는 성격 규정이 필수적이다.

「나꼼수」는 2011년 4월 27일 1회가 제작된 이후 매주 1회씩 업데이트됐다. 다루어진 주제는 몇 개의 영역으로 나눌 수 있다.

우선 중요한 정치, 사회적 이슈였지만 언론의 미진한 역할 때문에 제대로 다루어지지 않았던 과거 핵심 사건들을 다루었다. BBK 사건, 청계재단, 탤런트 장자연 성매수 사건, 4대강의 비밀, MB 정권 자원 외교의 실체, 큰 목사님과 보수 정권의 상관관계 등 사건 하나하나만으로도 한 시대를 풍미할 정도로 무게감 있는 주제다.

이 사건들을 다룬 이유는 어느 언론도 이것들을 비중 있고 심층적으로 보도하지 않았기 때문이다. 살아 있는 권력인 MB 정권의 권력층과 밀접하게 연관된 사건이다 보니 기존 보수 언론은 이를 다루길 피했다. 그나마 진보 진영의 매체들이 이 중 일부 주제들을 집중적으로 다루긴 했지만 파급력이나 폭발력이 미진해서 사회적 반향을 일으키기에는 역부족이었다.

다음으로, 현재 진행되고 있는 이슈 중 가장 민감하고 사회적 반향을 일으키는 정치적 사안들을 다루었다. 특히 MB 권력과 밀접하면 밀접할수록 다루는 강도는 더욱 높았다. 남북정상회담, 부산 및 삼화 등 저축은행의 비리와 정권 측근과의 관계, 중수부 폐지, 대학 반값등록금 문제, 인천공항 매각 등이다.

정권과 연루되었다는 의혹들이 밝혀지기만 한다면 곧바로 정권을 뿌리째 뒤흔들 만하다. 그러다 보니 매회 업데이트할 때마다 청취자들의 반응은 뜨겁고 폭발적이었다. 이 두 가지는 「나꼼수」가 진실을 파헤치는 대안언론 본연의 성격을 가지는 부분이다.

「나꼼수」의 또 다른 영역은 추구하는 주제들을 정치적 담론으로 만들고자 했다는 것이다.

우선 곽노현 교육감 문제다. 곽 교육감이 교육감 선거 이후 박명기 후보에게 2억 원을 지불했으며 이는 박 후보의 사퇴 대가였다는 것이 검찰의 주장이었다.

이에 맞서서 「나꼼수」는 반대 내용을 주장했다. 진보 진영 내부에서조차 곽 교육감이 대가성으로 주었을 것이란 전제 아래 사퇴를 종용하는 분위기가 지배적이었을 뿐만 아니라 민주당마저 곽 교육감의 '거취 표명'을 강력하게 요구할 때였다. 말이 거취 표명이지 사퇴를 요구하는 분위기였다는 것이 더 정확하다.

「나꼼수」는 이 사건의 궤적을 추적했다. 그리고 이 사건이 마치 스포츠 중계를 하듯 언론에 흘러나오는 과정도 지적했다. 노무현 대통령을 죽음으로 몰고 간 상황과 한명숙 총리를 여론 재판으로 매장하려 했던 일들을 상기시키며 보수 진영에서 취하는 마녀사냥의 전형이라는 점을 강조했다.

곽 교육감의 정의로운 삶을 소개하며 마지막까지 무죄 추정의 원칙을 포기하지 말아야 한다고 지적했다. 진보 진영의 의리 없는 결벽주의도 질타의 대상이었다.

절실한 심정으로 녹음을 했다. 노무현 대통령이 검찰의 수사 선상에 올랐을 때 우리 진영에서조차 앞다투어 비판했던 일들을 떠올렸다. 다시는 이런 실수를 반복해서는 안 된다고 호소했다.

반향은 생각보다 무척 컸다. 곽 교육감이 검찰 기소 전에 사퇴해야 한다는 주장이 거의 꺾인 것이다. 적어도 곽 교육감이 여론 재판의 희생양이 되는 것을 막고 최소한 재판을 받으면서 진실을 가려보자는 동의는 얻어낸 셈이다.

이런 담론을 만들어낸 것은 서울시장 선거에서도 마찬가지였다. 진보 진영 후보들의 아바타 토론회, 서울시장 한나라당 후보에 대한 검증과 결과에 대한 사회적 여론 형성과 확산, 그리고 MB 퇴임 이후를 대비한 내곡동 사저 구입 문제 등을 「나꼼수」에서 다룬 것은 정치적으로 중요한 시기에 가장 중요하고도 폭발적인 역할을 한 것으로 평가받고 있다.

객관적 상황의 정확한 보도라는 언론의 사명을 뛰어넘어 시대적 담론 형성의 역할을 한 것은 「나꼼수」가 만든 중요한 행적 중의 하나이다. 이렇게 「나꼼수」는 정치, 사회적 이슈를 만들며 또 다른 한편으로 사회적 담론을 꾸준히 형성하고 있다.

속 풀어주는 언론?

이제 「나꼼수」의 사회적 의미를 분석할 때 어느 한 측면만으로 한정하기가 어려워졌다. 우리 사회에 미치는 영향이 지대해진 탓이다.

「나꼼수」는 이 시대 가장 강력하고 특이한 사회현상이다. 한순간 바람으로 지나갔을 수도 있었던 「나꼼수」가 이제 이 시대의 정치 사회적 현상을 이해하는 데 필수 요소가 되었다. 그렇다면 국민이 「나꼼수」를 받아들이고 「나꼼수」에 열광하는 이유는 무엇일까?

우선 「나꼼수」에서 가장 민감한 사회적 이슈를 속 시원하게 제대로 다루면서 언론의 역할을 하고 있다고 본 것이다. 다시 말하면 MB 정권 들어서 언론이 제 역할을 못 해냈거나 더 극단적으로 말하면 언론의 자유가 죽었다는 것을 「나꼼수」 열풍이 정확히 반증하고 있는 것이다.

언론이 제 역할을 못하고 있으니 대안언론 「나꼼수」가 급부상한 것이다. 게다가 정권을 풍자하고 비판하고 견제하는 「나꼼수」 아닌가. 「나꼼수」를 들으면서 "바로 저것이 내가 듣고 싶어 하던 궁금한 내용이었다"라든지 혹은 "내가 말하고 싶었던 것이 바로 저 내용이다"라고 공감하는 것이다.

사실 MB 정권 들어서 정권의 언론 장악 의도는 국민의 상상을 초월한다. 최시중 방송통신위원장을 중심으로 공영 방송의 사장들을 약간의 시차를 두고 일괄 교체했다. 엄청난 반대를 무릅쓴 강행이었다. 공영방송사의 사장이 교체되자 민간방송사는 알아서 굽히고 들어왔다.

MB 정권은 또 방송 미디어 관련법을 날치기 통과시켰으며 MB 정권의 나팔수 역할을 마다하지 않는 보수 언론에게 종합편성채널이라는 선물을 안겼다.

여론의 편파성을 우려한 국민의 반발이 이어졌지만 아랑곳하지 않았다. 국민 대다수는 MB 정권 들어 언론의 자유가 극심하게 제약됐으며 심지어 이러한 언론 자유의 탄압으로 국민 개개인이 스스로 자신의 주장을 제약하는 이른바 '자기 검열'로의 확산이 우리 사회의 객관적 언론 상황이라고 인식했던 것이다.

국민이 궁금해하고 국민이 알고 싶어하는, 또 거대 권력이 감추고 싶어하는 진실을 낱낱이 밝혀내 말하고 알리는 것이 언론의 역할 아닌가? 그리고 그런 과정을 통해 국민의 권리를 옹호하고, 권력을 부패하게 만들거나 특정 소수 집단이 사유화하지 못하도록 국민의 눈과 귀와 입이 되어야 하는 것이 언론이 할 일이다.

하지만 MB 정권 들어서 언론의 자유가 짓밟혔다고 보는 국민은 「나꼼수」가 등장하자 이를 더 이상 해적 음원이 아닌 정상적이고도 꼭 필요한 언론으로 받아들였다. 그것이 「나꼼수」 열풍의 첫 번째 원인이다. 언론이 죽은 사회에 진정한 언론의 역할을 할 대체 언론이 나왔으니 듣고, 말하고 싶었던 국민은 얼마나 속 시원했겠는가! 때문에 「나꼼수」 열풍의 으뜸 원인을 '언론의 자유가 사라진 사회'로 꼽는 데 주저하지 않을 것이다.

레지스탕스 「나꼼수」

「나꼼수」가 언론의 자유가 억압된 사회에서 참 언론의 역할을 하고 있다는 또 다른 근거는 다루는 주제나 내용 밖에서도 찾을 수 있다. 언론이 제 역할을 다하기 위해서는 권력으로부터도 독립해야 하지만 또 자본권력으로부터의 독립도 중요하다. 독일의 철학자이며 언론인인 위르겐 하버마스(1929~)는 '공론장의 재봉건화'를 지적하고 염려했다.

역사적으로 언론은 봉건 왕정이나 독재 정권 같은 절대 권력에 대항해 시민의 자유를 획득하는 과정에서 자기 역할을 찾았고 그 권리를 인정받았다. 그런데 하버마스는 언론이 자본의 논리에 좌우되면서 본래의 의미를 잃었다고 분석했다. 언론이 만드는 공론의 장에서 시민은 배제되고 언론 스스로 권력이 된 것은 바로 자본권력의 힘 때문이라고 분석한 것이다. 자본권력의 논리에 좌우되는 언론은 더 이상 시민이 요구하는 언론이 아니라는 것이다.

언론이 자본으로부터 '독립성'을 유지한다는 것은 결코 쉬운 일이 아니다. '돈줄'이 끊긴다는 의미이기 때문이다. 자본주의 사회에서 '돈줄'이 끊긴다는 것은 생존 자체가 불확실해진다는 의미이다. 참 언론이 되겠다는 의지의 발현 이전에 존립 자체가 어려워진다. 한국 사회에서도 이런 공식은 예외가 아니다.

2000년대 이후 이런 언론 환경에 변화가 일기 시작했다. 노엄 촘스키가 지적했듯이 미국 언론은 시장 자본주의가 지배하고 있다.

하지만 변화가 시작되었다. 미국에서는 2000년대 중반 이후 자본으로부터 완전히 독립된 수백 개의 비영리 언론이 탄생했다.

워싱턴에 있는 아메리칸 유니버시티 연구소의 조사에 따르면 미국 전역의 비영리 재단들이 2005년과 2009년 사이, 5년간 비영리 언론사에 기부한 총액은 1억2800만 달러(약 1400억 원)에 달한다고 했다. 자본의 힘에 의지하고 있는 주류 언론과 비교해도 나쁘지 않은 실적이다.

성과도 뒤처지지 않는다. 2008년 맨해튼에서 출범한 탐사보도 전문 비영리 독립 언론인 프로퍼블리카(ProPublica)는 온라인 매체로는 최초로 2010년에 이어 2011년에도 2년 연속 퓰리처상을 수상했다.

자본으로부터의 독립, 그리고 이를 통해 얻는 말할 자유와 국민의 신뢰는 「나꼼수」 현상에서 그대로 드러난다. 「나꼼수」는 철저히 자본으로부터 독립적이다. 서버 호스팅 비용 등 막대한 비용이 들어가지만 「나꼼수」는 철저하게 스스로 존립해 가고 있다.

심지어는 청취자 개개인의 소액 후원조차도 거절한다. 참지 못한 청취자들이 악착같이 방법을 찾아 후원을 하려고 하지만 이를 달가워하지 않는다. 스스로 노력한 대가로 얻어지지 않는 어떠한 재정적 도움도 거절한다. 바로 자본으로부터 독립하려고 하는 이런 노력이 「나꼼수」의 자유 언론적 측면을 더욱 부각시키는 것이다. 어느 누구에게도 종속되지 않는, 오로지 국민의 알 권리에만 복종하려는 「나꼼수」는 그래서 한국 사회에서 더욱더 '언론답다.'

「나꼼수」는 단지 듣고 말하고 싶어하는 언론 이상의 역할을 수행한다. 「나꼼수」를 듣고 이를 전파하는 마니아층인 자칭 '전도사'들은 단순히 청취자 이상의 의미이다. 이들은 자신들이 말해야 할 것을 대신해주는 「나꼼수」에서 대리만족의 카타르시스를 느낀다.

「나꼼수」에서 다루는 주제의 비판 수위가 높아지고 이 내용이 MB 정권이 가리고 싶어 하는 아픈 진실에 접근하면 할수록 「나꼼수」 4인방의 안위를 걱정한다. 이들은 「나꼼수」의 내용을 '전도'하면서 자신 주위의 소그룹 내에서 「나꼼수」에 대한 논의를 이끌어내고 정치적 논쟁을 주도한다. 또한 지인들에게 「나꼼수」 다운로드 방식을 알려주며 들어보라며 적극 권장한다.

심지어 어떤 '폐인'은 인터넷 환경에 익숙하지 않은 사람들에게 CD까지 구워주며 적극적 전파를 시도한다. 「나꼼수」가 겪는 경제적 어려움에 공감하고 적극적 참여로 답한다. 「나꼼수」 티셔츠를 사고, 「딴지일보」에 자발적 후원을 하고, 「나꼼수」 멤버들이 집필한 책을 구매하며 사명감을 느끼기도 한다. 아울러 「나꼼수」 멤버들을 위한 팬 카페를 만들고 여기에 적극적으로 참여한다. 오프라인 미팅을 주선하는가 하면 돈을 모아 광고하기도 한다. 이들에게 「나꼼수」는 언론 이상의 의미이다.

이들에게 「나꼼수」는 저항의 공동체이고 저항운동, 즉 무브먼트(Movement)인 것이다. 2008년 무위로 끝난 소고기 수입 반대 촛불 이후, 가슴속으로 파고들었던 촛불의 저항 정신이 「나꼼수」로 다시 표출되고 있다. 「나꼼수」를 청취하고 이를 둘러싼 참여적 행

   1. 정봉주의 通

동이 바로 그것이다. 그래서 「나꼼수」는 억눌리고 짓밟힌 현재 사회, 자유와 정의를 향한 '운동'의 차원으로 이해해야 이 사회적 현상에 정확하게 접근할 수 있는 것이다.

「나꼼수」 멤버들이 주도하는 토크 콘서트는 단순히 웃고 즐기는 콘서트가 아니라 적어도 현재의 정치적 상황에 문제가 있다고 지적하는 이들에겐 저항의 참여이고 저항으로 뭉친 공동체에 대한 확인이다. 웃으며 즐기고 참여하는 저항 정신이 「나꼼수」 신드롬으로 표출된 것으로 보는 것이 이런 사회적 현상을 이해하는 좋은 기준이 될 것이다. 「나꼼수」는 언론이며 동시에 무브먼트이고 '레지스탕스'이다.

F4

「나꼼수」의 사회현상을 이해하는 또 하나의 좋은 근거가 있다. 바로 쌍방향 소통의 매체, 즉 개인 미디어의 등장이다. 「나꼼수」의 사회적 현상은 IT 및 SNS 발달과 떼어놓고 생각할 수 없다. 특히 개인 미디어인 SNS의 발달은 결정적 요인이다.

트위터나 페이스북은 「나꼼수」 현상이나 「나꼼수」에서 다루어진 내용을 공론의 장으로 끌어냈다. 내용의 진위와 사회적 의미를 논의하고 토론하면서 소통한다. 그리고 확산시킨다. 「나꼼수」가 폭발적 확장성을 가지는 근거가 바로 SNS이다. 단순한 확장의 도구가 아니고 토론과 소통의 도구인 것이다.

「나꼼수」는 이를 통해서 확장의 기회를 갖지만 동시에 피드백, 즉 반응과 여론 검증의 기회도 갖는다. 아무리 강력한 주장을 갖고 담론 형성을 주도하려고 해도 대중의 동의가 없으면 불가능하다. 이런 동의 여부를 토론하고 소통하는 매체가 있어야 하는데 이것이 바로 SNS인 것이다.

그런 의미에서 21세기 소통의 시대를 이끌고 있는 SNS와 공동 보조를 맞추는 「나꼼수」는 사회적으로도, 정치적으로도 시대정신과 호흡하고, 기술적 측면에서도 현대사회를 반영한다고 볼 수 있다.

「나꼼수」가 폭발적 관심과 영향력을 갖게 된 데는 이러한 객관적 상황만 있는 것은 아니다. 사회 변화는 객관적 환경이나 여건만 갖고 이루어질 수 없다. 주체의 역량이 이런 사회적 현상을 받아들이거나 주도할 수 있어야 한다. 따라서 「나꼼수」의 사회적 현상을 이해하려면 「나꼼수」 4인방이라는 주체 역량도 함께 분석해야 한다.

「나꼼수」 4인방의 결합이야말로 「나꼼수」 열풍의 결정적 주체 역량이다. 각자의 능력이 「나꼼수」의 콘텐츠를 만들 수 있는 요소를 갖고 있다.

탁월한 방송 진행부터 기획, 정치적 분석 능력까지 겸비한 김어준 「딴지일보」 총수. 탐사보도의 1인자이면서 자본 권력으로부터 독립을 지향하는 정통 시사주간지 「시사IN」의 '참 건방진' 주진우 기자, 정치평론가이면서 성대모사라는 예능까지 겸비한 편집의 달인 '목사 아들 돼지' 김용민 교수, 그리고 정치 세계의 정점이라고 할 수 있는 국회의원을 지내고 다시 국회의원으로 복귀할 준비를 하고 있는 치명적인 매력의 현실 정치인 정봉주!

4인 4색은 「나꼼수」 열풍을 만든 가장 중요한 주체 역량이다. 일단 내용을 만들어내는 능력들이 상호 보완적이다. 굵직한 정치적 담론과 사회의 커다란 줄기 및 국가 정책을 논하는 17대 국회의원 정봉주, 이를 뒷받침하고 MB 정권의 가장 취약한 부분의 디테일까지 파고드는 주진우, 탁월한 진행 솜씨와 다른 진행자들이 놓치기 쉬운 숨어 있는 스토리를 찾아내어 게스트와 본인의 내용을 가장 적절하게 버무리는 김어준, 이런 내용을 편집으로 완성시키는 김용민.

이 네 명은 서로의 영역을 침범하지 않는다. 서로의 영역에 대한 경계가 분명하기 때문에 침범할 이유도 없다. 그래서 4인방은 단순한 합에 그치지 않고 상호 보완하는 중에 폭발적 융합을 한다. 콘텐츠 융합이 가져오는 충격과 폭발력은 다른 어떤 콘텐츠도 주지 못하는 감동을 가져오게 마련이다.

그런데 「나꼼수」의 주체 역량은 이런 콘텐츠와의 관련성만으로 평가하기에는 부족한 점이 있다. 이들을 정확하게 이해하기 위해서는 이들이 살아온 삶 속에 내재되어 있는 역사성이라든가 정치성을 보아야 한다. 이들 개개인의 삶은 그 자체가 저항의 역사이다. 특히 MB 정권이 들어서면서 이들이 겪은 삶의 굴곡은 더욱 심해졌다.

김용민은 방송을 하면서 MB를 비판하고 싶은 속내를 펴보이자 회사 공고를 통해 '잘림'을 통보받았다. 김어준은 방송사에서 알아서 기었던 '해고'에 해당한다. 방송사 자체 검열의 칼이 김어준의 목을 냅다 친 것이다. 그나마 유일한 현직인 주진우 기자는 사실은 '누나 전문 기자'가 아니라, '피고 전문 기자'이다. 수많은 소송과 고발의 대상이 되었기 때문이다.

2008년 18대 총선에서 낙선한 정봉주는 낙동강 오리알의 대표격이다. 그것도 모자라 BBK 문제로 고발되어 징역 1년형을 선고받고 대법원에 계류 중이며, 확정될 경우 1년 동안 감옥에 가야 한다. 향후 10년간 동네 반장선거를 포함한 어떤 선거에도 출마하지 못하는, 말 그대로 '10년간 피선거권 박탈'이라는 벼랑 끝에 서 있다.

요즘의 사회적 관점에서 보면 「나꼼수」 4인방은 전형적인 루저(Loser, 패배자)이다. 이들이 모여서 하는 방송은 이들의 삶에서 우러나온 저항의 목소리이고, 패자에게 용기 내라고 하는 패자부활전의 메시지이다. 또 권위주의 정권에 짓밟히고 있는 국민에게 '힘내라!'고 격려하는 희망의 함성이다. 그래서 「나꼼수」는 사회의

객관적 산물이기도 하지만 주체의 적극적 역량이 빚어내는 저항의 산물, 새로운 세상을 향해 외치는 희망의 산물이기도 한 것이다. 이것이 「나꼼수」가 갖는 객관적 환경과 주체적 역량이 만들어낸 독특한 사회현상의 측면이다.

예측불가 변화무쌍 외계 생물체

「나꼼수」는 한 시대를 스쳐 지나가는 트렌드가 아니다. 패션도 아니다. 이 시대의 사회 흐름과 정신의 한복판에 있는 '정통'이며 클래식이다. 2011년, 그리고 엄혹한 MB 정권 말엽의 사회적 현상과 본질을 이해하기 위해서는 「나꼼수」를 외면할 수 없다. 「나꼼수」는 국민 대중과 소통하면서 2011년 10월 서울시장 재보궐선거에서 자기 역할을 충분히 해냈다. 기대 이상이었다고 보는 것이 더 정확하다. 관심은 이제 「나꼼수」의 다음 행보이다.
앞으로 「나꼼수」는 어떤 방향으로 나아갈 것인가.

일단 MB 정권의 입장에서는 자신들에게 비판적인 야당이나 시민사회 운동, 그리고 반대하고 있는 국민을 제외하고 가장 강력하지만 황당한 복병을 만났다. 법과 제도로 「나꼼수」를 옥죄려는 시도이다. 서울시장 재보궐선거에서의 역할을 보면 2012년 총선과 대선에서 「나꼼수」의 역할을 미루어 짐작할 수 있기 때문이다. 팟캐스트 1위라는 사실 때문에 세계의 언론이 이미 「나꼼수」를 주목하기 시작했다는 점도 한몫했다.

정권의 가장 적절한 대응은 법으로 통제하는 방식이다. 법적 강제력으로 SNS를 통제하려는 속셈이 여기에 해당된다. 하지만 이런 통제는 세계사적인 의미와 중요성을 가진 개인 미디어, 소통의 시대와는 제대로 된 역방향이다.

또한 고발이나 고소로 「나꼼수」 4인방을 각각 압박하려는 방식도 흔히 쓸 수 있는 방법이다. 그러나 어느 것 하나 여의치 않다. 시대적 흐름과 반대 방향이기 때문이다. 지금까지는 기꺼이 다 돌려 놨지만 국민의 폭발적인 지지가 있기 때문에 이번만큼은 만만치 않을 것이다. 여기에 이 정권의 최대 고민과 딜레마가 있다.

「나꼼수」가 앞으로 어떤 방향으로 나아갈지는 참으로 변화무쌍하다. 적어도 현 정권이 미리 파악하기는 어려울 것이다. 예언 잘하기로 소문난 '봉도사'이지만 나 역시도 이번만큼은 정확히 모르겠다. 명분에서 옳고 역사의 흐름과 순방향인데다가 이를 둘러싼 세력들이 사사로운 이해에 집착하지 않기 때문이다. 사욕이 없으면 무서울 게 없다. 모든 것이 욕심에서 비롯되기 때문이다.

일단 단기적으로 본다면 총선 국면에서는 철저하게 참 언론의 역할을 수행할 것으로 판단된다. 총선은 전면전이기도 하지만 지역적으로 펼쳐지는 국지전적 성격도 강하다. 이런 국면에서는 사회적 거대 담론보다도 지엽적으로 파고드는 보수 언론의 왜곡에 대응해야 한다.

2008년 총선에서 한나라당의 완승을 이끈 뉴타운 공약은 주민들의 '정확한 판단'과 '본능적 탐욕'을 맞바꾼 대표적인 왜곡 선거였다. 이를 이끈 것은 보수 언론이다. 주민의 욕망을 부채질해 이를 표심으로 이끈 것이다. 왜곡이고 언론의 역할을 포기한 선거 방해였다. 지역적으로 이런 왜곡은 도처에서 벌어졌다. 「동아일보」는 민주당의 나를 비롯한, 민병두, 정청래를 지칭해 '비리 3관왕'이라고 매도했다.

민주화운동에 참여해 감옥에 갔다 온 것을 전과 1범이라고 지적했다. 1년 이상 감옥 생활을 하면 군대에 가고 싶어도 갈 수 없도록 군사정권이 만들어놓은 법률은 소개하지도 않은 채 '병역 미필'을 두 번째 비리로 지적했다. 젊은 시절 경제적으로 어려워서 납부하지 못했던 연금 등 자잘한 세금 미납 기록 등을 들추며 '세금 미납자'로 매도했다. 이런 집요하고 끈질긴 보도로 세 사람 모두 18대 국회의원 선거에서 낙선했다.

이런 사례가 언론의 왜곡이고 그 결과는 치명적이다. 이런 보수 언론의 왜곡에 대응하는 것이 총선 시기에 「나꼼수」가 할 역할이다. 18대 총선에서는 보수 언론에 난타당하는 핸디캡이 있었다면

이제는 보수 언론보다 더 강력한 언론의 힘을 발휘하는 지원군이 생긴 것이다.

양측 언론의 역할 중 어느 진영이 더 위력적일 것인가가 다가오는 19대 총선의 관전 포인트일 것이다. 보수 진영에서는 눈엣가시인 「나꼼수」를 총선 이전에 어떻게든 해보려 할 테지만 시대의 흐름을 역행한다는 것이 큰 부담이 될 것이다.

총선과 대선도 「나꼼수」와 함께

2012년 대선은 거대 담론의 국면이다. 그리고 야권의 단일화라는 당면 과제가 있다. 여기에서도 「나꼼수」의 역할을 찾을 수 있다. 대선은 총선과는 의미나 중량감이 사뭇 다르다. 역사와 역사, 각 진영 지지자들의 삶과 삶, 그리고 이들의 온전한 삶을 모두 걸었다는 의미에서 타협할 수 없는 '철학과 철학'의 싸움이 벌어지는 큰 판이다. 국가의 운명을 건 대결전이다. 「나꼼수」도 모든 것을 걸 것이다.

대선 이후에는 진보 진영이 이기든 지든 더 이상 「나꼼수」는 존립의 의미가 없다. 대선에 모든 것을 걸어야 한다는 뜻이다. 진보 진영의 단결과 반(反) MB 전선의 형성, 그리고 그 중심에서 펼쳐질 「나꼼수」의 역할!

대한민국의 저항과 민주화투쟁의 역사에서 단 한 번도 경험하지 못한 진검 승부가 펼쳐질 것이고 그 결과는 거대한 역사적 의

미를 갖게 될 것이다. 왜냐하면 이제껏 경험하지 못한 언론의 등
장과 이를 매개로 한 정치적 대결이 벌어질 것이기 때문이다. 그리
고 그 결과가 이 시대를 관통하는 사회 현상을 정확히 이해하는
실마리가 될 것이다.

"우리 역사는 한 번도 경험하지 못한 새로운 길을 가고 있으며,
이 여정에 「나꼼수」라는 사상 초유의 사회적 현상이 함께 가고 있다."

 　　　　　　　　　　　　　　　　1. 정봉주의 通

2부

정봉주의 情

정

노원구 공릉동 월계동을 지역기반으로 하는 17대 국회의원 정봉주의 탄생. 노무현 대통령의 탄핵으로 국회의원이 되면서 물 만난 고기처럼 눈부신 의정활동을 펼쳤다. 하지만 18대 국회의원 선거에서는 아쉽게 낙선해 지극히 평범한 삶을 살았다. 괴짜 국회의원 활동부터 생계를 아내에게 맡긴 백수로 살아가는 참 인간다운 이야기.

탄돌이

속성 족집게 과외로 국회의원 수업

학생운동을 하다가 자연스럽게 민주화운동으로 넘어왔다. 그러다 1980년대 말부터 1990년대 초에 미국에서 잠깐 공부를 하고 돌아왔다. 귀국해보니 사업을 할 형편도 안 되었고 할 일도 별로 없어 예전에 같이 지내던 운동권 선배들과 만나는 게 전부였다.

1991년의 일이었다. 선배들과 재야 세력의 구성원으로 평민당의 후신인 신민주연합당의 막내로 참여했다. 그 덕에 1991년 6월 지방자치가 부활하면서 노원구 공릉동 지역에서 서울시의원 후보로 공천을 받게 되었다. 우리 나이로 32세이니 꽤 젊은 편이었다. 태어난 곳이 공릉동이니 고향 토박이인데다 부모님께서 지역 유지로 소문

암울했던 시절,
군부독재와 용감하게 맞
서 싸웠던 학생 정봉주

이 났을 때다. 당시만 해도 선거운동은 곧 돈 쓰는 운동 이외에는 생각할 만한 것이 없었을 때다. 운동권 출신 후보들은 재야 출신이란 이유로 쓸 돈도 없고 쓰지도 않았다.

하지만 내가 시의원 후보로 확정되자 지역의 토박이로 유지의 아들이란 이미지 때문에 손을 벌리는 사람이 많았다. 많은 돈을 썼다. 2억 원이 조금 넘었다. 당시로서는 꽤 큰돈이었다.

그런데 정원식 총리가 한국외국어대학교에 특강을 왔다 학생들로부터 밀가루를 뒤집어쓰는 사건이 터졌다. 내 모교에서 일어난 이 사건은 나를 깎아내리는 데 더없이 좋은 빌미를 던져줘 잘나가던 선거는 참담한 형편으로 전락하고 말았다. 결국 200표 조금 안 되는 차이로 낙선의 고배를 마셨다.

어린 나이에 경험도 일천했던지라 엄청난 충격이었다. 정치나 선거 생각만 해도 신물이 났다. 그래도 정치를 해야겠다는 생각을 접지는 않았다. 그때 내린 결론은 정치는 돈이 없으면 하기 어려우니

잠시 정치계를 떠났다가 돈 벌어서 경제적 여력이 생길 때 돌아오겠다는 것이었다. 돌아오는 시점은 2008년, 18대 국회의원에 도전한다는 인생 시나리오도 그랬다. 그리고 사업 전선에 뛰어들었다. 사업을 하며 물밑에서 장장 12년을 지냈다. 돈은 좀 벌었지만 힘들었다.

어느 정도 기반을 잡았을 무렵 2002년 극적으로 노무현 대통령이 탄생했다. 월드컵 4강 열풍의 열정과 미선이 효순이 사건으로 분노한 국민의 열정에 힘입어 대한민국에 변화의 바람이 밀려오고 있다는 느낌이 들었다. 변방의 아웃사이더인 노무현 후보의 대통령 당선, 그리고 얼마 지나지 않아 열린우리당이라는 정치 개혁을 표방하는 새로운 정당의 탄생! 가슴이 뛰었다. 무엇인가 세상에 커다란 변화의 물결이 오고 있었다. 때가 왔다고 직감했다.

2003년 10월, 인생 시나리오보다는 빨랐지만 국회의원으로 출마하기에는 사실상 타이밍을 놓쳤다. 다소 늦긴 했지만 출마를 결심했다. 열린우리당 지지율이 10퍼센트 남짓일 때였다. 열린우리당 간판으로는 당선 가능성이 거의 희박했다.

출마선언을 하긴 했는데 10년 이상 정치권을 떠나 있었기 때문에 현실감이 없었다. 특히 노무현 대통령이 인터넷 정치 환경을 만들어 놓았고 세상이 급속하게 디지털화되면서 정치도 인터넷 시대로 접어들고 있었다. 그러다 보니 어디서부터 시작해야 할지 감을 잡지 못했다.

이리저리 주위를 둘러보며 나에게 감을 찾아줄 사람이 있느냐고 물었다. 당시 노사모와 정치권에서 꽤 열심히 활동하고 있는 데다 17대 국회의원 출마를 준비하고 있던 정청래 의원을 추천 받았다.

학원 사업을 할 때 몇 번 만난 적이 있었기 때문에 낯설지 않았다. 나는 사무실도 준비되지 않았는데 정청래 의원은 이미 캠프가 돌아가고 있었고 국회의원 몇 번 당선된 웬만한 현역의원보다 조직적으로 잘 짜인 느낌이었다.

부러움을 뒤로하고 원 포인트 레슨, 이른바 족집게 과외를 4~5시간 집중적으로 받았다. 당시 정치 상황, 선거운동 방식을 이해하는 데 큰 도움이 되었다. 참으로 고마웠다. 이후 정청래 의원은 내가 정치하게 된 게 자신의 덕이라고 말하곤 하는데 200퍼센트 맞는 말이다. 이후 정청래 의원이 정치 활동을 잘한 것도 있지만 내가 정청래 의원을 높이 평가하는 바닥에는 이런 고마운 기억이 자리 잡고 있다.

지역위원회에서 후보자들의 정책 토론을 하겠다고 했다. 중앙당 권장 사항이기도 했는데 나중에 보니 우리 지역만 한 것 같았다. 정책토론회는 특히 더 큰 고민이었다. 대충 얘기할 수 없는 상황이 아닌가? 이번에도 주위에 자문을 구했다.

성남 지역 활동가 중에 대단한 정책통이 있다며 추천을 해주었다. 일단 만나보고 결정하자고 했지만 그럴 겨를이 없었다. 전화 통화로 4~5일 정도 학습하면 되지 않겠느냐는 답변을 듣고 바로 짐을 쌌다.

성남시 어디쯤인가, 지금 찾아가라면 다시 찾기 힘들 만큼 집들이 다닥다닥 붙어 있는 지역의 어느 지하 쪽방에 짐을 풀고 정치학습을 시작했다.

놀라웠다. 개인강사는 나보다 어리고 고졸인데도 성남 지역에서 계속 지역운동을 한 전략통이었다. 전 분야를 꿰뚫고 있었으며 특히 김대중, 노무현 대통령의 정책은 마치 청와대 정책 비서관이라고 해도 믿을 정도로 정통했다. 밤과 새벽에 학습을 하고 낮에 자는 일정을 4~5일가량 했다. 몇 번을 반복하자 지난 10년간의 공백기를 뛰어넘을 수 있는 자신감이 생겼다.

며칠 동안의 과외에서 얻은 지식으로는 깊이가 부족할 수 있었지만 웬만한 주제를 만나도 어느 정도 애기할 줄 아는 수준은 되었다. 성남을 떠나는데 마치 산에서 도를 닦고 하산하는 사람처럼 마음이 홀가분해졌다. 불과 4~5일 정도였지만 마치 몇 년이 흐른 것 같았다.

본격적인 출마선언을 하자 주위 사람들이 한마디씩 했다. 이번에는 후보가 되는 것으로 만족하고 다음을 노리라고. 그 말을 듣는 순간 정봉주 특유의 '촉'이 발동했다. 오기나 깡이 아니다. '촉'이다.

2. 정봉주의 情

피부에 확 와 닿았다. 난 된다. "이번에 열린우리당 후보가 되면 전 국회의원 됩니다." 확실하고 단호하게 예견했다.

내가 태어나고 자란 곳, "노원구 공릉동, 월계동을 지역기반으로 하는……." 이곳이 내 정치 무대의 지역기반이 되는 순간이었다.

상대적으로 늦게 출사표를 던졌기 때문에 지역 출생이란 것도 별 효력이 없었다. 미리 준비하던 분들을 따라잡기가 쉽지 않았다. 그 런데 이번 선거는 경선으로 진행되었다. 아마도 공천 방식이었다면 공천 받기가 쉽지 않았을 것이다. 시의원 낙선이 유일한 경력이었으 니까.

선거 캠프는 불안했다. 상대적으로 준비가 덜 된 상태여서 뭔가 특별한 준비를 해야 하는데 그런 것이 전혀 없기 때문이었다. 그러 는 사이 경선에 불이 붙었다. 3월 12일 노무현 대통령의 탄핵안이 통과됐기 때문이다. 분노, 울분, 항의의 목소리가 모이면서 대한민 국이 유례없는 정치공화국으로 급속히 빠져들었다.

열린우리당의 지지율은 폭풍상승하기 시작했다. 3월 15일 경선 당일, 이미 당 지지율은 50퍼센트를 넘어섰다. 경선만 통과하면 본 선거는 땅 짚고 헤엄치는 상황이 예상되면서 후보들도 덩달아 흥분 했다. 경선이 곧 본선이었다. 경선 통과는 여의도 입성과 같았다.

하지만 우리 캠프는 굳어졌다. 그럼에도 늘 빙글빙글 웃고 다니 는 내게 "뭐가 그리 좋아서 웃고 다니느냐"고 볼멘소리가 이어졌다. 대답했다. "우리가 무조건 이긴다." 근거 없는 그 자신감의 실체는 잘 모르겠지만 어쨌든 난 이겼다. 워낙에 성격이 낙천적이기도 하다. 18대 선거에서 지고 김어준 총수를 만났을 때도 "어떻게 됐어요, 의원님?" 하는 물음에 손가락으로 브이 자를 그리며 "낙선!"이라고 했으니 말이다.

탄핵 이후 후보로 선출되었고, 4월 15일, 17대 국회의원으로 당선되었다. 한나라당이 그렇게 비판하던 '탄돌이'가 탄생한 것이다. 난 '탄돌이'가 좋다. 우리가 무슨 홍길동인가? 아버지를 아버지로 부르지 못하고 형을 형으로 부르지 못해 가출하는 서자 홍길동 말이다. 탄돌이라서 탄돌이라고 부르는 것이 왜 어떤가.

그래서 난 탄돌이라고 부르는 것이 무척이나 솔직하고 정감이 있어서 좋다. 어쨌든 경선 과정이 소문이 나면서 국회의원이 된 뒤에도 한 일 년간 당에서는 가장 운 좋은 국회의원으로 소문이 돌았다. 한편으로는 실력은 없는데 재수가 좋아서 되었다는 비아냥거림으로 들리기도 했다. 그러면 어떤가. 난 이미 17대 국회의원인데.

안 해봤으면 말을 하지 마

국회의원 세계에는 유명한 말이 있다. '보좌관 5선, 그러니깐 의원을 20년간 모시며 여의도 국회의 귀신이 되어도 국회의원이 무엇인지 알 수 없다.'는 말이다. 국회의원은 개개인이 모두 입법기관이라는 말이 있지만 막상 국회의원이 어떤 직책이고 어떤 업무를 수행하는지는 되어보지 않고는 모른다는 말이다. 논리적으로 표현할 수 없는 그 감정 상태와 실질적으로 체감하는 지위 등에 대한 느낌은 당사자가 아니고는 정확하게 알지 못한다는 뜻일 것이다.

개인적으로는 들어갈 준비도 안 된 상태에서 여의도에 입성했다. 보좌관 출신 아니고는 국회의 상황을 잘 모르고, 정확하게 준비도 안 된 상태에서 국회의원이 된 사람들도 간혹 있지만, 유난히 어리바리한 상태로 국회의원이 된 사례는 내가 대표적일 것이다.

선거 때 다행히 크게 신세 진 사람도 없으니 선거운동원들 중 몇 명을 보좌관이나 비서관으로 채용할 의무도 없었다. 보좌관 인선도 일체 관여하지 않았다. 국회에서 활동하던 대학 후배였던 이한복 전문위원이 보좌관 세계를 잘 알고 교육 쪽에서 전문 활동도 했기 때문에 그에게 인사를 모두 맡겼다. 지역에서 조기축구 후배로 함께 활동했던 신영곤 수행비서만 빼고는 모두 이 전문위원이 보좌진 전체를 구성했다.

첫 만남에서 상견례를 했다. "너무 잘하려고 하지 말고 저 일하는 만큼만 하세요." 나중에 들은 얘기지만 정말 재수 없는 상견례

누구보다도 더 의정활동에 열심이었던 17대 국회의원 정봉주.

였다고 한다. 자기가 모시는 의원이 낙선이 되어서 어쩔 수 없이 초선의원 보좌진으로 들어왔지만 참으로 재수 없는 사람을 만난 것 같아 기분이 안 좋았다고 한다. 그런 감정 상태는 상당 기간 지속된 것으로 보인다.

한 여자 보좌관이 다른 의원실 직원과 메신저를 하던 중에 잠깐 자리를 비운 사이 무심코 메신저 창을 보게 되었다. '목구멍이 포도청이라 다닐 수밖에 없지만 너무 재수 없다'는 말이 연속으로 등장했다. 모른 체하고 넘어갔지만 내가 정말 재수 없게 느껴지는 것 같아 한동안 잘하려고 노력했다. 내가 상급자이긴 하지만 어쨌거나 그들이 국회 선배 아닌가.

2. 정봉주의 情

국회를 어느 정도 몰랐냐 하면 보좌관이 일정과 업무를 브리핑하는데 어찌 된 것이 날마다 국회에 나오게 되어 있었다. 의아해서 물었다. '아니 왜 날마다 나와야 하는데, 내 일 하다가 시간 나면 가끔 나오는 게 국회의원 아냐? 무슨 일을 날마다 나와서 해야 되지?' 국회의원도 직장인처럼 매일 국회에 출근하고 상근까지 해야 하는 줄은 정말 몰랐던 것이다. 그냥 내 일 하면서 가끔 시간 내서 나오는 게 국회인 줄 알았다.

그렇게 국회의원 기초 상식부터 배우면서 시작했다. 국회 활동에 대한 어느 정도 오리엔테이션이 끝나가면서 국회 활동도 학생운동이나 재야운동처럼 민주화운동을 하는 것의 연속으로 여겼다.

국회의원에 당선되고 당선증과 국회의원 배지 등을 받으라는 통보를 받고 물어물어 국회 본청에 갔다. 지하 사무실 어디쯤이었던 것으로 기억한다. 사무실에 들러 어느 지역 누구라고 말한 다음 배급되는 물품들을 받았는데 양이 좀 많았다. 제대로 챙기질 못하고 허둥대니 담당 직원이 살짝 짜증이 났던가 보다.

지금은 치명적 매력이 온몸에 흐르지만 그때만 해도 조금 뺀질

거리게 생긴 데다 깍쟁이 같은 이미지 때문에 첫인상을 좋지 않게
보는 사람들이 많았다. 늘 당하는 대접이니 신경 쓰진 않았다. 당선
된 의원 이름을 쓰고 물품을 받았다는 확인증을 써야 해서 내 이
름을 썼다. 그랬더니 "당선된 의원 이름 말고 온 사람, 당신 이름을
쓰세요" 하며 살짝 신경질을 냈다. "제가 당선된 사람인데요" 했더
니 별안간 빛의 속도로 벌떡 자리에서 일어나 경례를 했다. 몰라 봬
서 죄송하다며. 죄송할 게 뭐 있겠는가. 국회의원이라고 명찰을 달
고 다니는 것도 아닌데. 아무튼, 급친절 모드로 달라지기에 신분상
승의 느낌을 받긴 받았다. 기분? 안 해봤으면 말을 하지 말아.

"나의 **단식**을 알리지 마라"

물갈이된 17대 국회

17대 국회(2004~2008년)는 대표적인 개혁 국회였다. 열린우리당 152명의 국회의원 중에 초선의원이 108명이었다. 그만큼 물갈이의 폭이 컸으며 새로운 도전의 세계가 열린 것이다. 17대 국회, 열린우리당에 주어진 첫 번째 과제는 개혁입법을 추진하는 일이었다.

당시 개혁입법으로 제기된 법안은 국가보안법, 과거사청산법, 사립학교법, 언론관계법이었다. 원내 대표는 천정배 의원, 수석 부대표는 이종걸 의원이었다. 개혁입법 추진 과정은 그 자체로 전 과정이 어려운 항로였다. 이 개혁입법안을 통과시키는 과정은 한나라당을 지지하는 보수 진영과 열린우리당을 지지하는 진보 진영의 철학이 부딪치는 전쟁터였다. 또한 열린우리당도 특정한 정치적 성향으로 통일된 정당이 아닌 복합적 정당의 성격을 가지다 보니 당내에 찬반 스펙트럼이 다양했다. 4대 개혁입법을 하나로 묶은 것부터가 실책이었다. 하나도 제대로 통과시키기 힘든 판에 4개를 묶어놓으니 각 안건마다 찬반이 부딪쳤고, 각 법안이 상임위별로 나뉘어져 통일적 대응이 불가능했다. 말 그대로 뒤죽박죽되는 상황의 연속이었다.

당내에서나 진보 진영에서 가장 주안점을 두고 집중한 것은 국가보안법 폐지였다. 그런데 국가보안법 폐지 문제가 쉽지 않은 상황으로 접어들자 11월경부터 여의도 국회의사당 앞으로 국가보안법 폐지를 주장하는 시민들이 모여들기 시작했다. 천막을 쳐놓고 농성하는 사람들이 늘어났다. 단식 농성에 들어가는 사람들의 숫자도 늘어났다. 한겨울 천막 안에서 새우잠을 자면서 단식 농성을 하는 것은 엄청난 위험이 뒤따르는 일이었다.

당내에서도 논쟁이 붙기 시작했다. 완전폐지론자, 일부 개정안 지지자, 대체입법론자 등 3파전 양상을 띠었는데, 일부 개정론자와 대체입법론을 지지하는 의원들의 숫자가 더 많았다. 개인적으로는 이해할 수가 없었다. 노무현 대통령과 함께하기 위해 새롭게 창당한 열린우리당 소속 의원들이 국가보안법 폐지에 부정적이라는 것은 밖에서 볼 때는 있을 수도, 있어서도 안 되는 일이었다. 하지만 현실적으로 열린우리당의 정치적 성향은 그 정도 수준이었다.

정치적 일체성을 갖고 형성된 정당이라기보다는 지역적 근거를 더 중요한 변수로 해서 묶인 정당에서 오는 한계였다. 12월 중순이 넘어가면서 국가보안법을 폐지할 물리적 시기, 즉 정기국회 종료 시점이(12월 말) 임박하자 단식 농성자 수는 급속도로 불어났다. 그해는 유난히도 추운 겨울이었다. 칼바람을 맞으며 국회 앞 천막 속에서 단식 농성자가 2천 명을 넘어섰지만 국회에서는 해법이 보이지 않았다.

김원기 국회의장에게 본회의에서 직접 처리할 수 있도록 직권 상정을 해 달라고 요청해보기도 하고 양당이 전원 투표로 처리하자고 하기도 했다. 하지만 양당의 견해 차이가 너무 컸고 열린우리당 내부의 이견도 커서 해결할 방법을 찾을 길이 없었다. 결국은 국회의장의 직권 상정 처리를 요구하며 국회에서 농성을 하자는 쪽으로 방향을 잡았다. 당 소속 의원 전체가 합의한 것이 아니라 국가보안법 폐지를 요구하는 개혁적 의원들만이라도 하자는 제안이었다. 별다른 방법이 없었다.

3일짜리 국회의원 단식 농성

그때 유시민 의원이 묘안을 냈다. 여당 소속의원으로서 '국회 농성'을 한다는 것이 석연치 않으니 향후 10일간 국회를 비우지 말고 '240시간 의원 총회'를 열자는 제안이었다. 연속적으로 의원 총회를 하게 되면 결국 밤에도 국회 한구석을 지킬 수밖에 없으니 자연

스럽게 농성이 되는 것이었다. 밖에는 2천 명에 육박하는 시민들이
이 추운 날 차가운 천막 안에서 단식 농성을 하는데 이에 동참이
라도 해야 한다는 최소한의 양심적 대응 수준이었다.

그렇게 시작된 농성이 7일을 지나 12월 31일 정기국회 종료까지
약 3일 정도 남겨두었을 때였다. 밤마다 하던 대책회의에서, 한 의
원이 비장한 목소리로 말했다.

"이제 시간이 얼마 남지 않았습니다. 최후의 수단으로 남은 며칠
이라도 단식 농성을 합시다. 이렇게 무책임하게 농성을 끝내서는
안 됩니다."

마치 적진 앞에서 목숨을 걸고 싸우자는 비장함까지 느껴졌다.
하지만 뻔히 속이 보이는 제안이었다. 밖에서는 20일 넘게 목숨을
걸고 단식 농성을 하고 있는데 3일도 남지 않은 상황에서 이제야
단식을 하자니 별 효과도 없을 뿐더러 너무나 속 보이는 행동 아니
겠는가?

그러자 다른 의원이 맞받았다.

"아니 밖에서는 오랜 기간 동안 단식 농성을 하는데 지금에서야
단식 농성을 하겠다고 하면 욕만 먹지 않겠어요?"

"무슨 말씀이에요? 그렇게 눈치만 보고 있으니 우리 정치권이 도

매 급으로 같이 욕을 먹는 겁니다. 단식을 합시다. 내일 아침에 기자회견하고 단식 농성을 하자고요!"

늘 회의에서는 과격한 주장에 대항하는 것이 왠지 회색분자가 된 듯한 느낌이 들곤 한다. 한 의원이 조금은 자신 없는 목소리로 다른 주장을 했다.

"그래도 이제 며칠 남지도 않았고 몇 명 되지도 않은 우리 내부에서도 이견이 있으면 굳이 단식을 할 필요가 있을까요?"

난감한 상황이었다. 단식 주장이 진정성이 없다는 것은 모두가 다 동의하고 있지만 그래도 "하지 말자!"고 얘기하면 비겁자가 되는 순간이었다.

그 의원이 더 단호하게 말했다.

"만일 모두 다 반대한다면 내일부터 저 혼자라도 기자회견을 하고 단식 농성을 하겠습니다. 동의하는 분들은 같이하고 그렇지 않은 분들은 그냥 이 상태로 농성이나 하세요!"

언론에 자기만 소신에 따라 결단한 의원으로 비쳐지고 싶다는 의도가 그대로 노출되는 장면이었다. 인상을 찌푸렸지만 별다른 대책이 없었다.

하지만 해결사 봉도사 아니겠는가. 드디어 비장하게 나섰다.

"좋아요, 의원님. 단식하세요. 그런데 조건이 있어요!"

"네? 무슨 조건요?"

"단식을 하되 '이순신 단식'으로 하세요!"

다른 의원들이 모두 다 의아해했다.

달려라 정봉주

"'이순신 단식'이라니요?"

"단식은 하세요. 그런데 단식을 하면서 '내 단식 농성을 아무에게도 알리지 마라!' 이러는 게 이순신 단식이에요! 단식한다는 것을 아무에게도 알리지 않는 거죠."

의원들의 폭소가 터졌다. 단식한다는 것으로 광을 제대로 팔려고 했는데 아무에게도 알리지 말라니? 이게 뭐야!

무안해하는 그 의원의 표정과 함께 단식 제안은 슬며시 사라졌다.

봉도사의 한마디로 단식농성 주장이 해프닝으로 끝나면서 국회의원들이 추가로 욕먹을 일은 없어졌지만 17대 개혁 국회 첫해는 아무런 성과 없이 호들갑만 피우다 끝나게 되었다. '세상을 다 바꾸겠다'는 비장한 각오로 들어간 국회의 첫해가 그렇듯 허무하게 막을 내렸다.

Great America

김문수 "Great America!"

17대 국회 임기가 시작된 다음 달인 2004년 7월로 기억하고 있다. 한-미 국회의원연맹 회의와 관련해 각 정당의 의원 총 7~8명이 12일 동안 미국을 방문하는 일정이 잡혔다. 한나라당에서는 가장 고참으로 김문수 의원이 동행하게 되었다.

국회의원으로서 처음 떠난 해외 일정이고 그것도 미국이었기 때문에 꽤 바쁜 일정을 소화해야 했다. 공교롭게도 미국 의회에서 미국 국내법으로 북한 내부의 문제를 규정하고 자기들 마음대로 규제하려는 '북한인권법'을 통과시키려고 발의를 준비하던 시점과 맞물려 있었다. 따라서 우리 의원단이 방문하는 곳마다 '북한인권법'

의 입장이 갈렸다. 열린우리당과 민주당(당시는 열린우리당과 민주당이 나뉘어 있을 때다) 의원들은 반대하는 입장이었고, 한나라당 의원 중에는 강원도 출신의 박세환 의원만 우리와 같은 입장을 취했을 뿐 다른 의원들은 찬성하는 입장이었다.

북한의 인권에 문제가 있다는 것에는 동의한다. 하지만 정치범들의 인권 문제를 우선해서 다루는 것이 북한인권법이었다. 우리들 주장은 확연하게 달랐다. 북한의 인권 문제는 정치적 인권 문제뿐만 아니라 북한 주민들이 가장 기본적으로 생존권적인 존립의 위기를 겪고 있기에 이를 먼저 다뤄야 한다.

지금도 마찬가지지만 당시도 북한 주민은 경제적으로 극심한 어려움을 겪고 있었다. 삶의 가장 기본인 먹고사는 문제에 직면해 있었던 것이다. 이것은 정치적 인권과는 다른 바로 '생존권'의 문제였다. 북한 주민의 가장 기본적인 삶을 철저하게 짓밟고 있는 북한 경제봉쇄정책은 미국 주도로 이루어지고 있었다. 미국이 북한의 대외 경제 교류를 철저히 봉쇄하는 경제봉쇄정책을 펴서 북한 주민들의 기본적 삶이 철저하게 짓밟히고 있는데 무슨 정치적 입장만 강조하느냐는 것이 우리들 주장이었다.

실제로 미국의 대북한 경제봉쇄정책이 오늘의 북한 주민들을 죽음으로, 대규모 북한 이탈로 내모는 기본적 원인이라는 데 이견이 있을 수 없다. 어떻게 보면 삶의 기본을 짓밟고 생존권적 인권을 무시하는 주체가 정치적 인권을 얘기한다는 것 자체가 어불성설인 것이다. 고양이 쥐 생각해주는 격이었다. 미국의 경제봉쇄정책으로

                2. **정봉주의 情**

북한 경제가 피폐해졌음은 부인할 수 없는 사실이다. 경제가 죽으니 주민들 생활이 형편없어지면서 대명천지에 굶어죽는 사람들까지 나오는 것 아니겠는가? 그리고 그런 상황을 개선하고 남북관계 개선을 위해 김대중, 노무현 대통령이 햇볕정책으로 북한의 개방, 개혁 정책을 유도하고 있다는 것이 우리들 인식이었다.

가장 기본적인 생존권을 도외시하면서 북한의 정치적 상황만이 북한 인권 문제의 전체인 것처럼 호도하는 것은 순서가 바뀌었다는 주장이었다. 특히 미국의 국내법으로 북한의 인권 문제를 규정하게 된다면 전 세계에서 인권 문제를 앓고 있는 나라들의 인권 문제도 모두 미국 국내법으로 다루겠다는 것인지 우리로서는 이해할 수 없었다. 그렇게 된다면 아랍의 친미적 성향인 국가들의 인권 문제는 왜 모르쇠로 일관하고 있는지도 설명해야 한다.

미국이 관타나모 수용소 등 전 세계 미 CIA 비밀 수용소에서 재판도 받지 않은 상태로 타국의 범죄혐의자를 구금하고 있는 인권 침해는 또 어떻게 해명할지에 대해서도 확실한 설명이 필요했다. 자신들이 짓밟고 있는 인권의 문제는 문제가 아니고 북한의 정치적 인권만 문제라는 것은 설득력을 가질 수 없었다.

그럼에도 김문수 의원과는 입장이 극명하게 갈렸다. 김문수 의원은 운동권 대선배여서 대들기가 다소 부담스럽긴 했지만 입장이 바뀐 상태였기 때문에 자주 대립했다. 김 의원은 한나라당의 다선 고참 의원이지만, 같이 온 한나라당 의원들과 함께 행동하기보다는 주로 인증사진을 찍는 데 더 많은 시간을 보내는 것 같았다. 나로서도 전에 같이 활동해본 경험이 없었던 터라 그를 보면서 개인적인 활동을 좋아하는 성격이라고 느꼈다.

게다가 내가 비록 반미주의자는 아니지만 그가 미국 관료들을 만날 경우에 "Great America!"라는 표현을 자주 쓰는 것이 꽤나 거슬렸다. 미국이면 미국이지 꼭 '위대한 미국'이라고 찬양할 필요는 없지 않은가. 미국 정치인들에게 한국 국회의원들은 영어도 잘 못한다는 비난을 받을까 봐 통역을 써야 할 때조차도 가능한 통역을 쓰지 않고 직접 영어로 말하면서 무시당하지 않으려고 기를 쓰는 상황인데 시시때때로 "Great America!"라고 하니 속이 부글부글 끓었다. 그렇게 속을 끓이다 보니 10여 일간의 일정 내내 서로 비호감이란 느낌이 오간 것 같다.

우스꽝스러운 일도 있었다. 워싱턴에서의 일정을 거의 마치고 LA로 돌아오기 직전이었다. 미 국무부 관계자들과 마지막 미팅을 끝내고 서로 간에 마무리 인사를 할 때였다.

김문수 의원이 나에게 말했다.

"정 의원! '잘 부탁한다'고 통역 한마디만 해줘요!"

잘 부탁한다는 영어 표현이 있는지도 모르겠거니와 비위가 확 상

     2. 정봉주의 情

했다. 굳이 그렇게까지 말하고 싶을까. 고운 말이 나갈 수가 없었다.

"몰라요. 알아서 해요. 제가 뭐 형님 통역해 드리려고 영어 공부한 줄 아세요?" 하고 퉁명스럽게 쏘아붙였다.

아마 김 의원은 속으로 좀 야박하다고 생각했을 수도 있었을 것이다. 후배가 그깟 영어 좀 한다고 으스대는 것으로 비쳤을 수도 있을 테니 말이다. 그때 옆에 있던 민주당 소속 김효석 의원이 김문수 의원이 좀 안 돼 보였던지 끼어들었다. 중앙대 교수로 대학원 원장까지 지낸 분인데다 미국에서 5년 넘게 유학 생활을 했던 분이다.

"그건 제가 해 드릴게요."

그러더니 진지하게 한마디 했다.

"Look me once!(한 번만 봐주세요!)"

우리가 술집에서 자주 써 먹던 쌍팔년도 저렴한 농담 아닌가?

그런데도 빵 터졌다. 모든 의원들이 박장대소하며 뒤로 넘어갔다.

김문수 의원은 어안이 벙벙한 채 조금 이상하다는 표정이었다.

"에이, 제가 영어를 잘 모르긴 해도 그건 아닌 것 같은데요!"

씁쓰름한 종결이었다.

국익 양보하는 난센스 국회의원

굳이 국회의원들의 미국에 대한 관점을 얘기하고 싶지는 않다. 하지만 미국에서 오래 공부하고 생활한 사람들이 많아서 그런지 지

    달려라 **정봉주**

나치게 친미적 사고방식이나 미국 중심적 사고방식이 국회의원들 뿐만 아니라 우리 사회 지식인층에 깊게 배어 있다.

친미든 종미든 비미(미국에 비판적 입장)든 반미든 어떤 입장을 취하든 자신들 판단이다. 하지만 지식인층의 입장은 일반 국민에게 직접적인 영향을 미칠 수밖에 없기 때문에 신중하고 조심스러워야 한다. 자신들 개인의 판단만으로 그치지 않고 사회에 파장을 미치기 때문이다.

미국의 정치인이나 기업인들은 다른 나라와 정책 협의를 할 때 우리와는 사고방식이 전혀 다르다. 무조건 자국의 이익과 입장을 우선적으로 고려한다. 물론 우리나라 정치인이나 관료들도 그렇긴 하지만 철저함에서 차이가 난다는 것이다.

예를 들면 다른 특정 나라의 정치인과 친하다거나 아니면 그 나라에서 유학 생활을 했다거나 혹은 그 나라 이해도가 뛰어난 사람을 그 나라 이름을 따서 부른다. 즉, 지일파(知日派), 지중파(知中派), 지미파(知美派)처럼 말이다. 미국에도 한국 정치인들과 친분이 두터운 지한파 의원들이나 정치인들이 적지 않다. 특히 한인 유권자가 많은 LA나 뉴욕 등 대도시를 지역기반으로 하는 국회의원들은 한국 실정을 잘 모르면 한국 유권자들의 표심을 잡을 수 없기 때문에 음식 문화에서부터 각종 다양한 한국 문화에 이해가 깊다.

그런데 정치적 관계, 특히 국가 외교 관계에 들어가면 얘기는 달라진다. 미국 의원들은 철저하게 자국 중심으로 이해한다. 양보란 없다. 그런데 우리나라 정치인들은 특히 자신이 친한 나라에는 조금 손해를 보아도 된다고 생각하는 경향이 있다. 겸양과 양보라는 전통과 문화에서 나온 것이라고 큰 틀에서 백번 이해해줄 수도 있다.

그런데 미국 정치인들은 '손해를 보면서도 양보'한다는 말 자체를 이해하지 못한다. 손해를 보는데 왜 양보하느냐는 것이다. 실상 손해를 본다고 말은 하지만 다른 측면에서는 이익이 되니까 양보하는 듯한 자세를 취한다고 생각한다.

인간적으로 믿고 신뢰하고 좋아하니까 손해를 보더라도 특별한 목적 없이 양보한다는 것은, 우리 문화를 이해하지 못하는 미국 정치인 입장에서는 상대가 꿍꿍이속이 있는 걸로 받아들인다.

우리 정치인들은 미국 정치인들을 대할 때 순수한 마음으로 양보를 한다고 해도 그런 정서를 미국인들이 이해하지 못하기 때문에 양보하면서도 전혀 미덕으로 인정받지 못한다. 우리 국민과 국익을 생각하면 더 많은 이익을 취하기 위해 양보하는 자세는 물론 의미 있다. 그런데 인간적으로 친하니까, 인간관계를 돈독히 할 목적으로 양보한다는 것은 그야말로 미국 정치인들에게 말도 안 되는 '난

센스’다.

때문에 우리도 반드시 국익과 국민을 먼저 생각해야 한다. 그렇게 하지 않는다면 미국과 정책 협의를 할 때 씻을 수 없는 커다란 실수를 하게 될 것이라고 경고하고 싶다. 우리 국민의 안녕과 이해를 담보로 하는 어떠한 경우라도 양보는 있어서는 안 된다.

미국 방문 일정을 마치면서 하나 더 떠오른 것은 영어 광풍에 휩싸인 대한민국 교육 현실의 자화상이었다. 대한민국을 대표하는 국회의원, 각 분야에서 난다 긴다 하는 초절정 고수들이 모인 대한민국 국회의원들도 영어로 편하게 의사소통을 하는 의원들이 5퍼센트도 채 못 되는 것 같다. 그들을 욕하자는 게 아니라 영어 잘 못해도 성공하고 출세할 수 있다는 것을 말하고 싶다. 그렇다고 국회의원이 성공했다거나 출세했다는 말은 아니지만…….

부모들 자신들이 영어 잘 못하고 영어와 친하지 않았으면 그것도 가족력이다. 자신이 영어 공부로 압박받았을 때 얼마나 고통스러웠는지 반드시 기억해야 한다. 그때 마음속으로 외쳤을 것이다. ‘내 아이들 키우면서는 영어 공부로 이런 고통을 주지 않겠다고.’

학창 시절 마음속으로 했던 자신과의 약속을 지키자.

제발 영어로 아이들 고문 좀 하지 마라. 영어 못해도 성공하고 출세하는 데 아무런 장애 없다. 더 실용적으로 말하자면 돈 잘 벌고 잘 먹고 잘 살고 편안한 가정 이루는 데 전혀 지장 없다.

영어는 꼭 배우고 싶은 사람, 영어로 말 안 하면 곧 죽을 것 같아서 온종일 수다 떨고 싶은 사람, 영어든 일어든 중국어든 아무 말이라도 혼자서 떠들고 싶어 안달이 난 정봉주 같은 사람만 배워도 족하다. 영어 쓰는 일은 나 혼자 다 할 테니까.

그리고 주위를 둘러보면 제2, 제3의 정봉주가 있어서 영어랑 친하지 않은 사람 대신 영어를 지껄일 테니 걱정 말아라. 그러니 아이들 영어 고문에서 좀 해방시켜줘라! 자기는 하기 싫어했으면서 그 가족의 DNA가 어디 갔겠는가? 영어 공부 적게 하는 행복한 대한민국 한번 만들어 보자! 빠샤!

정봉, 주장

나를 중심으로 우주는 돈다

국회의원들은 자기들끼리 주도해서 결정하고 국회에 등록하는 각종 연구모임에 가입한다. 아마 3개 이상 가입이 금지되어 있고 각 연구모임은 일정액 수준에서 국회의 지원을 받는다. 이런 모임의 예외는 '국회의원축구연맹'이다. 사단법인으로 정식 등록되어 있다.

'국회의원들이 무슨 축구냐?'고 갸우뚱하는 분들도 있으시겠지만 17대 때는 초선의원들이 거의 반을 차지하는데다가 연령대도 젊어서 축구를 꽤 잘하는 분들이 많았다. 40대 중후반으로 구성된 조기 축구팀과 차면 비슷한 실력을 보일 정도였다. 국회에서 매년 예산 지원을 받는 정식 단체이기 때문에 100명 가까운 의원들

　　　　　　　　　　　　　　　　　　　　　2. 정봉주의 情

이 회원으로 있고 회장도 영향력 있는 다선의원들이 맡고 있다. 17대 때는 민주당 장영달 의원이었고 18대 때는 한나라당 남경필 의원, 그 이전에는 김상현 의원 같은 분들이 회장을 맡았다. 여야 양당은 주장을 선출하는데 대부분 재선 급 의원이 한다. 한나라당은 재선의원이 맡았다. 그런데 우리 당은 내가 맡았다.

축구를 엄청나게 잘하는 것은 아니지만 초등학교 시절과 중학교 초까지는 나름 선수입네 하면서 축구를 했고 지역 생활축구에서는 20년간 주전으로 활동했기 때문에 국회의원들 사이에서는 실력을 인정받았다.

아무튼, 팀의 주장 선출은 애들처럼 다수결로 뽑기도 그렇고 해서 회장이 지명한다. 국회에서는 몇 선 의원인가가 계급이고 모든 결정의 기준이다. 한나라당도 재선 급이니 우리 당도 같은 급으로 주장을 지명해야 했다. 그런데 우리 팀에 재선 급이 별로 없었던 데다 내가 축구에 부지런을 떨면서 스스로 주장을 하겠다고 하니 회장인 장영달 의원이 별생각 없이 그러라고 했다. 일단 주장이 결정되면 회장은 명예직이고 거의 모든 결정은 주장이 한다. 주장이 권력이고 빽이다. 그 권력을 자진해서 차지한 것이다. 이전까지 스스로 주장을 하겠다고 설친 사람은 없었던 것 같다.

주장을 투표로 뽑은 일도 없고 그런 통보를 특별히 받은 적도 없는데 어느 날부터인가 정봉주가 주장이라며 감 놔라 배 놔라 하면서 그것도 권력이라고 마구 휘두르기 시작했다. 의원들이 보기에는 이상한 일이었다. '저 인간이 언제 주장을 했지? 우리가 뽑았나?'

서로 물어봐도 그런 일이 없으니 황당했던 모양이다. 그냥 내가 자진해서 한 것이니 모를 수밖에. 이 일로 장난이라고 말하면서도 질투 어린 시선을 받기도 했다. 제 스스로 무주공산인 주장이란 권력을 탈취해 갔으니 말이다.

한번은 최재성 의원이 물었다.

"선배님, 주장 누가 뽑았어? 아무도 모르던데? 다들 자기가 안 나왔을 때 주장을 뽑은 줄 알던 걸?"

내가 누군가, 봉도사 아닌가. 아무 일 없었다는 듯이 눈썹도 까딱 않고 대답했다.

"주장은 마지막 이름에 '주' 자가 들어가는 사람이 하면 되는 거야. 그래서 할 수 없이 내가 하는 거야. 내가 정봉주잖아."

최 의원이 되물었다.

"그럼 김형주 의원도 있는데 경선해야 되는 거 아냐?"

즉각 답했다.

"가나다순으로 하면 이름이 내가 빠르잖아."

최 의원은 어이가 없는지 그저 멍하니 서 있었다.

이렇게 국회의원축구연맹 민주당 주장 정봉주에 대해 모든 의원을 대표해서 제기한 최 의원의 의혹은 깔끔하게 정리됐다. 끈질긴 의혹도 풀렸고 주장도 되었으니 이제 모든 것은 나를 중심으로 움직이면 된다. 내 신조가 '나를 중심으로 우주는 돈다' 아닌가.

국회에서 별로 관심 없던 주장 자리가 내가 맡고 나서부터 강력한 힘을 갖는 권력의 자리가 되었다. "가만히 있는 자에게는 '자리'

　　　　　　　　　　　　　2. 정봉주의 情

가 오지 않는다. 쟁취하는 것이다"라는 나의 철학이 다시 한 번 번득이며 발휘되는 순간이었다.

접대 축구는 안 된다

그런데 국회 축구팀에서 나를 포함한 야당의 주장과 국회의원축구연맹회장의 위상을 가뿐히 뛰어넘는 인물이 있었다. 물론 가수 김흥국은 아니다. 바로 김흥국의 '영혼의 파트너' 대한축구연맹 명예회장 정몽준 의원이었다. 축구에서만큼은 대한민국에서 천상천하 유아독존이었다. 적어도 이 정봉주가 주장으로 나타나기 전까지는 말이다.

매주 목요일 새벽에 축구를 하는데 정몽준 회장이 공을 차러 나왔던 것은 몇 번 되지 않았다. 그런데 한 번은 그냥 무심코 넘어갔는데 두 번째인가 상대팀이 되어 게임을 하고 있을 때였다. 정 회장의 포지션은 왼쪽 윙인데 하프라인 부근에서 공을 잡으면 단독돌파를 해서 거의 슈팅을 했다. 축구를 잘하긴 하지만 뭔가 이상해서 자세히 보니 국회 직원인 우리 측 수비수들이나 국회축구연맹 감독들이 정 회장 앞에만 형식적으로 서 있고 막지를 않는 게 아닌가. 심지어는 태클을 하면서도 바짝 다가가지도 않고 대충 앞에서 철퍼덕 엎어지기까지 했다. 그야말로 가관이었다.

정 회장의 공격 루트는 판에 박은 듯했다. 마치 노루가 산에서 가던 길만 가는 것처럼 말이다. 그런데도 하프라인에서 정 회장이 공을 잡기만 하면 거의 골대 입구까지 와서 슛을 날리고는 돌아갔다. 수비수들은 앞에서 대충 얼쩡거리거나 치고 들어오는 정 회장 앞에서 갑자기 약이라도 먹은 듯 픽픽 쓰러지거나 하면서 말이다. 마치 JMS 정명석 교주가 1대30여 명과 축구를 하면서 수많은 골을 넣었다는 축구의 절대 신공을 보는 듯했다. 말 그대로 알아서 기는 접대 축구였다. 시합이 끝나자마자 우리 팀 선수들을 모두 불러 모았다.

"그전에 어떤 관계로 어떻게 축구를 했는지 모르겠지만 축구장에 들어가면 계급장 떼고 차는 겁니다. 알겠습니까?"

세 살 먹은 애들이 아니니 내가 무슨 말을 하는지 눈치들을 챘다.

"어느 특정인을 위해서 축구를 하려 하거나 국회의원이라고 대충 봐주면서 차면 앞으로 운동장 못 나옵니다."

정색을 하면서 야단을 쳤다. 이른바 국가대표 출신으로서 정 회장 사람으로 분류되던 축구연맹 감독에게도 따끔하게 말했다.

"국가대표 출신이 되어서 그 따위로 공 차려면 앞으로 나오지 마세요!"

　사람들을 모아놓고 정봉주가 야단치는 것을 아마 다들 목격했을 것이다. 정 회장이 직접 그 상황을 보았는지는 확인하지 못했지만 그 이후 17대 국회가 끝날 때까지 다시는 정 회장을 국회 축구장에서 만나지 못했다.

　국가대표 평가전을 할 때면 으레 내 방으로 배달되던 VIP 초대권도 오지 않았다. 경기를 보고 싶으면 상암경기장으로 가서 입구에 서 있는 정몽준 의원의 보좌관에게 얼굴도장을 찍은 다음 현장에서 티켓을 받은 뒤에야 들어갈 수 있는 처지로 바뀌었다. 에이, 치사스러워서…….

MBC '정봉주 기자'입니다

제보 많은 의원실

국정감사를 앞두고는 유난히 제보가 많이 들어오는 의원실이 있다. 바로 우리 사무실이 그랬다. 지금 생각해보면 보좌관들이 문제를 잘 파헤치기도 했지만 어떤 문제가 가장 민감하고 아픈 문제인지에 대한 판단이 어느 정도 적중했던 것 같다.

한번은 울산교육청 국정감사를 앞두고 제보가 들어왔다. 울산시교육청과 울산시교육위원회 의장 사이에 특혜로 얽힌 유착 관계의 의혹이 있다는 제보였다.

이때만 해도 교육위원회는 교육청을 감사하는 권한을 갖고 있었다. 교육청을 견제하고 감사할 권한을 갖고 있는 교육위원회 의장

2. 정봉주의 情

과 특혜 유착 관계가 있다는 의혹이라니? 내용을 자세히 들어보고 자료를 검토해보았다.

울산시교육청이 울산시교육위원회 김장배 의장이 소유하고 있는 땅을 시교육위원회의 몇 번에 걸친 거부를 무릅쓰고 교육연구단지를 건설하기 위해 매입했다는 것이다.

시가보다 훨씬 비싼 가격에 매입한 데다 교육위원회가 반대한 근거는 땅이 일반 도로보다 밑으로 깊게 꺼져 있어서 땅을 매립하는 데 100억 원 이상의 불필요한 경비가 든다는 것이었다. 게다가 시교육청을 건설하는 회사 또한 김장배 의장과 깊은 관련이 있는 회사라는 것이다.

지역의 토호 세력들이 교육청과 교육위원회를 장악하고 벌이는 부패의 연결 고리라는 확신이 들었다. 현장 사진이 화면으로 나가는 것이 더 파괴력이 있을 것이라 판단하고 MBC 기자들과 접촉했다. 카메라 출동팀이 동반 취재하기로 했다.

울산시교육청 국정감사를 앞두고 하루 쉬는 날이 끼어 있어서 이때다 싶어 MBC 취재팀과 울산으로 내려갔다. 현장에 가보니 경악 그 자체였다. 아주 몹시 외진 지역의 학교 옆에 눈짐작으로 한 20여 미터 밑으로 푹 꺼진 땅이 바로 교육청이 매입한 땅의 주소지였다. 특혜고 뭐고 따져볼 여지도 없이 현장을 보자마자 확신이 섰다.

땅 전체를 두세 시간 둘러보고 있는데 제보자에게서 긴급하게 전화가 왔다. 울산시교육위원회 의장, 그러니까 교육청에서 특혜로

매입한 의혹을 받고 있는 땅의 주인이 오후 3시에 교육청에서 기자
회견을 한다는 것이었다.

MBC 취재팀과 '출동'

시간이 임박했다. 교육청으로 달려갔다.

교육청 기자회견실, 지방지 기자들과 서울에서 파견 온 중앙언
론의 지방 파견 기자들이 모여 있는데 김장배 의장이 기자회견을
했다.

"저와 제 가족 소유 및 제 학교 소유의 땅을 교육청이 매입하는
과정에서 특혜가 있었다고 주장하는 사람들이 있습니다. 정치적으
로 저를 반대하는 사람들이 만들어내고 유포시킨 농간에 불과한
내용들이고 이를 언론에서 부풀린 것입니다. 아무런 의혹도 있을
수 없고 법적으로도 아무 하자가 없는 내용들입니다."

그러더니 질문이 있으면 질문하라고 했다. 꼭지가 돌았다.

CBS 기자가 물었다.

"같은 위치에 있는 땅이면서 다른 땅들은 공시지가의 2.7~2.8배
로 매입한 반면 김 의장님의 땅은 공시지가의 4배가 넘는 가격에
매입한 데에 특별한 이유라도 있나요?"

"공시지가와 보상가는 다를 수 있어요. 토지 공부 좀 하세요."

답변이 아니라 거의 야단치는 분위기였다.

지방 언론에는 보도도 되지 않고 그렇게 적당히 잘 짜인 구도대로 흘러가고 있는 이유를 알 수 있었다. 기자들의 지적이나 질문도 우습다는 느낌이었다. 함께 내려간 MBC 기자는 열심히 받아 적고 있었고 카메라는 잘 돌아가고 있었다. 이미 현장 취재며 모든 것이 다 끝나고 제보자 인터뷰까지 했으니 기자로서는 수확을 올린 셈이었다. 기자들의 질문이 더 이상 없자 기자회견이 끝날 것 같은 분위기였다.

끝나기 전에 내가 질문을 했다.

"교육청이 의장님 땅을 다른 분 소유의 공시지가보다 높은 배율로 매입한 것은 특혜 아닌가요? 특히 교육청 감사의 권한도 갖고 있는 교육위원회의 의장 땅인데 특혜 의혹을 피하기 힘들 것으로 보이는데요. 특별히 시가보다 높은 가격으로 매입한 이유라도 있나요?"

"에, 이미 몇 차례 자료를 배포하고 다 설명이 된 내용입니다. 누차 강조하지만 저를 누군가가 음해하려는 것이고…… 또 그것을 언론에서 부풀려서……."

설명을 이어가다가 조금 막히는 듯하더니 되물었다.

"그런데 자넨 누구지? 어디 소속 기자인가? 못 보던 얼굴인데……."

"MBC인데요!"

"MBC? 처음 보는 얼굴 같은데……."

"네, 서울 MBC에서 취재하기 위해서 출장 왔습니다."

대화가 이어지자 다른 기자들이 모두 고개를 돌려 쳐다보았다. 시간을 끌면 별로 좋을 것 없겠다고 판단하고는 같이 취재를 하던 MBC 기자에게 그만 가자고 했다.

김 의장은 뭔가 석연치 않은 표정이었다. 기자실을 나오는데 한 여기자가 물었다.

"혹시…… 국회의원 아니세요?"

"네?"

"얼굴을 본 것 같은데……."

아무 대답 없이 미소를 지으며 기자실을 빠져나왔다. 지방 소속 기자가 아니고 중앙에서 순환 근무로 파견 온 기자였다. 나중에 시간이 지나고 울산에서 봤다며 국회에서 인사를 나눈 일이 있었는데 그때 그 기자였다.

3층 기자실에서 1층으로 내려오는 계단이 멋들어지게 한 줄로 뻗어 있었다. 그 기자가 들어가서 얘기를 했는지 계단을 내려오는데 3층 난간에서 내려다보고 있는 김 의장의 모습이 뒤로 보였다. 얼굴이 벌겋게 상기되어 있음을 멀리서도 한눈에 알 수가 있었다.

다음 날 부산시, 울산시, 경남교육청 국정감사장에는 긴장이 흘렀다. 거의 마지막 부분에 질의 차례가 왔다. 부산시와 경남교육청에는 국정감사 질문이 없으니 다른 것을 준비하라고 했다. 울산교육청의 교육감에게만 질의하겠다고 했다. 다른 교육청 관계자들은 안도의 한숨을 쉬었다. 그만큼 모든 시간을 울산교육청에 집중하겠다는 선전포고이기도 했다. 울산교육청 관계자로서는 공포의 시간이 시작된 것이다. 극단적인 공포감을 유발하기 위한 의도적인 멘트였다. 극단적으로 긴장하면 실수로 감추고자 했던 답변들이 튀어나오는 경우도 있으니 사실상 '꼼수'를 쓴 것이다.

취재한 내용이 이미 전날 저녁에 MBC 9시 「뉴스데스크」에서 '카메라 출동'으로 집중 보도된 뒤였다. 교육감이나 국정감사에 증인으로 참석한 사람들은 상황이 어떻게 진행되었는지 다 알고 있었다. 들어온 제보, 취재한 내용, 방송 보도를 탄 내용들을 정리하고는 어제 교육청 기자실을 방문한 내용이며 조목조목 따져 물었다. 증인석에서 한숨 소리가 터져 나왔다. 기자회견장까지 가서 샅샅이 뒤지고 난지라 교육감이 빠져나가기에는 역부족인 듯했다. 참고인 좌석 뒤로 벌겋게 상기된 모습의 교육위원회 의장 얼굴이 보였다. 교육청의 특혜 의혹을 들어 교육부 특별감사까지 하는 것으로 의결하면서 감사는 끝났다.

이틀에 걸친 MBC 일일 기자 활동도 그렇게 끝이 났다. 국정감사가 진행되면서 다시 국회의원의 신분으로 컴백한 것이다. 국회의원도 재미있지만 기자도 꽤 재미난 체험이었다.

빈처(貧妻)

아이들 통장을 깨다

준재벌 정도 되는 부자가 아니고선 대부분의 국회의원은 낙선 후에 심각한 경제난에 직면한다. '생계형 국회의원'의 심각한 후유증이다. 나 또한 그 범주에서 벗어나지 못했다.

국회의원이 되기 전에는 사업을 해서 어느 정도 모아놓은 돈이 있었다. 하지만 낙선한 뒤에 「VJ 특공대」만 보고 음식점 한다며 설치다가 말아먹었다. 그나마 남은 돈마저 무슨 사업한다고 투자했다가 반은 사기당해서 날렸다. 전 국회의원에게 사기를 치다니, 그놈도 간이 배 밖으로 나온 놈이다. 아무튼, 경제적으로 불행의 연속이었다. 아내의 인테리어 사업에 의지해 근근이 버틸 수밖에 없었다.

집안 살림이야 그렇다고 쳐도 지역구 관리, 당내 모임 등 오라는 곳은 없어도 갈 곳은 많았는데 그때는 최소한의 생활비도 문제였다. 궁리 끝에 내 현재의 경제 상황에서 굳이 체감되지 않는 보험을 과감히 깼다. 처음엔 하나, 그리고 그 돈이 바닥날 무렵 나머지 두 개도 다 깼다. 처음 깨기가 어렵지, 두 번째부터는 별 고민도 하지 않았다. 그것도 바닥을 드러낼 무렵, 다음으로 손이 간 곳이 아이들 용돈 모아 만든 예금통장이었다.

명절 때 친척들에게 받은 용돈을 관리해준다고 따로 통장을 만들어 보관하고 있던 터였다. 중학생 아들 240만 원, 초등학생 딸 170만 원. 나중에 대학 갈 때쯤 등록금에 조금이라도 보탤 요량으로 갖고 있던 통장이었다.

그렇지만, 아이들에게 이번 기회에 기부문화를 배우도록 하는 것도 나쁘지 않겠다고 생각하면서 쓰린 가슴을 위로했다. 기부하는 곳은 생활고에 시달리는 아버지이지만 말이다.

아이들은 제 이름으로 된 통장이 있다는 걸 알고는 있었지만 나이가 어리다 보니 액수가 얼마인지, 그 돈이 자신들 돈인지도 잘 모르는 상황이긴 했다. 하지만 아이들 통장에까지 손대고 그 돈을 찾아야 하는 상황이 되다 보니 한숨이 절로 났다.

은행에 들어가는데 먹먹한 마음에 발걸음이 떨어지질 않았다. 두 눈 질끈 감고 통장을 내밀었다. '아이들 돈까지 꺼내 써야 하다니…….' 가슴에서는 눈물이 홍수를 이뤘다.

무너진 대인의 풍모, "저⋯⋯, 이거 짝퉁인데요."

아이들의 생때 같은 돈도 잠깐이었다. 더는 움치고 뛸 상황이 안 되었다. 아무리 궁리를 해봐도 더 이상 돈 나올 구멍이 없었다. 그러던 중, 한때 잘나가던 시절에 샀던 명품들이 눈에 들어왔다.

구두, 지갑, 시계, 양복 등 합쳐서 여남은 개는 되어 보였다. 지난날 폼 나게 착용했던 것들이라 서운하기도 했지만 정봉주란 인간 자체가 명품이니 보조적 수단은 본질을 흐릴 뿐이라고 외치면서 대인의 풍모로 당당하게 압구정 갤러리아 백화점 주변에 있는 명품 중고 숍에 갔다.

사전에 전화 상담을 다 마친 뒤였다. 조금은 쪽팔리는 상황이었지만 막상 가게 안에 들어가니 꽤 폼 나는 몇 명의 여성들이 물건을 팔기 위해 기다리고 있는 것을 보고 용기가 났다. 당당하게 꺼내 놓았다. '몸 건강하니까. 언제든지 다시 살 수 있어'라고 애써 위안하면서.

"저기, 많이 쳐 주세요."

'에라 모르겠다. 인생 뭐 있나 직진이다.' 아예 흥정 모드로 들어갔다. 여기저기 꼼꼼히 뜯어보던 주인에게 다시 대인의 풍모를 띠며 말했다.

"볼 것도 없어요. 장사 하루 이틀 해요? 다 정품이에요."

잠시 기분 나쁜 예감이 들게 하는 침묵이 흐른다.

"손님, 여기 지갑하고 벨트는 정품이 아닌데요."

의아한 표정을 짓자 바로 지른다.

"짝퉁인데요."

'아니, 어떤 놈이 짝퉁을 선물해' 하며 속으로는 욕을 했지만 그럴 계제가 아니었다. 엄청 쪽팔렸지만 중고 팔려고 온 사람이 체면 차릴 일이 뭐 있겠나 싶어 "그럼 나머지 정품들이라도 계산해 달라"고 호기를 부렸다.

창피해서 빨리 나가고 싶은데 주인은 조목조목 정품이 아닌 증거들을 제시해주었다. 내가 방송에서 다른 사람 말 안 듣는다는 것은 그저 콘셉트일 뿐이다. 나는 각 분야 전문가의 말을 존중하고 신뢰한다. 그들이 비판하면 잘 수용하고 틀린 점은 빨리 고친다. 이것이 진정한 대인의 풍모 아니던가.

"아, 맞겠죠, 뭐. 전문가들이 보는 눈일 텐데요? 나머지 것들이나 가격을 잘 쳐주세요!"

잠시 뒤 은행으로 송금해준 것을 확인하고 가게 문을 나서는데 왜 그리 뒤통수가 따가운 것일까? 아무도 신경 쓰지 않았을 텐데 말이다. 아무리 어려워도 두 번 다시 가고 싶지 않은 발걸음이었다. 요즘처럼 얼굴이 많이 알려졌다면 아마 죽어도 못 갔을 것이다. 연예인들의 심정을 알 것도 같다.

아내 카드로 산 눈물의 케이크

이렇게 하루하루 없이 사는 것에 적응되어갈 무렵이었다. 2011년 7월, 이제 선거도 몇 개월 남지 않아 더욱 열심히 이리 뛰고 저리 뛰고 있을 때였다. 여의도에서 회의를 하고 집으로 돌아오니 초등학교 5학년 딸이 말한다.

"아빠, 내일 엄마 생일인 거 아시죠?"

으악! 뒤통수가 띵하다. 한 번도 잊지 않고 지내왔는데 이게 무슨 대형 사고냐! 먼저 떠오르는 건 선물이었다. 그리고 뒤이어 선물 살 돈. 정신이 나가 앉지도 못하고 서 있는데 딸의 목소리가 꿈속에서처럼 들려왔다. "선물 사 왔느냐? 꽃다발은 어디 있느냐? 케이크는 준비했느냐?"라고 주절주절 떠드는데 멍한 느낌뿐 귀에 아무 말도 들어오질 않았다. 조용히 안방으로 들어가 보니 집사람은 잠들어 있었다. 주방을 둘러보니 내일 식구들과 같이 먹을 미역국이며 반찬이며 다 준비해놓고 피곤해서 일찍 곯아떨어졌나 보다.

'에이, 왜 장모님이나 어머니는 오늘 같은 날 미리 전화로 좀 알려주시지 않고.'

애꿎은 어른들 탓만 했다.

'어쩌지?' 시간을 보니 밤 12시가 다 되어가고 있다. 다행히 집 앞의 빵집은 늦게까지 하긴 한다. 그런데 돈은 이미 다 떨어진 지 한 달이 넘었고 카드는 사용 중지된 지 너무 오래되어 기억도 나지 않았다. 한 달 이상을 몇 천 원으로 버텼다. 밥 먹을 때가 되면 이리저리 연락도 하고 약속도 잡고 하면서 근근이 버티고 있었는 데……. 그나저나 문제는 케이크였다.

케이크라도 사야 할 텐데 돈이 없었다. 아무리 얼굴이 두꺼운 정봉주이지만 케이크까지 외상으로 달라고 할 수는 없었다. 사람들은 의아해할지 모른다. 「나꼼수」가 떴는데 저 정도일까 싶을 것이다. 「나꼼수」는 정말 돈과 아무 상관없다. 자기들 떠드는 데 방해된다고 광고도 안 받으니 말이다. 암튼, 그건 그거고.

어떡하면 좋을까? 한때 대통령 후보까지 저격하면서 온 국민의 신망을 한 몸에 받으며 잘나가던 국회의원이 사랑하는 아내 생일에 케이크 하나 살 돈이 없다니. 하필이면 그날따라 아침 내내 돈 때문에 코가 쑥 빠져 고민하던 집사람이었다.

전기세며 아파트 관리비며 생활비며 돈 나갈 곳은 수두룩한데 통장이 바닥난 지 꽤나 지났단다. 어떻게 할 거냐고 무능력한 남편을 닦달하던 아내. 내 말 한마디면 다소곳해지던 아내가 이제는 '아줌마'가 다 되었다. 낙선의 세월이 착하기만 하던 그녀를 그렇게 만든 것 같아 미안했다. "그렇다고 낙선 국회의원이 뭔 대책이 있느냐"며 꿀 먹은 벙어리처럼 눈치만 보니 미안하기도 했지만 아내가 너무 안돼 보였다. "그렇다고 남자가 가오가 있지" 하면서 괜히 소리 한 번 빽 지르고 나갔던 날이었다.

살림살이나 경제적인 것이나 아무것도 책임지지 못하고 해결도 못하는 남편이 된 지 오래되었고 결혼할 때부터 집사람 신세만 져 그저 눈치만 보면서 한숨만 쉬고 살던 터였다. 그런데 생일까지 잊

내 말 한마디면 다소곳해지던 아내가 이제는 '아줌마'가 다 되었다. 낙선의 세월이 착하기만 하던 그녀를 그렇게 만든 것 같아 미안했다.

어버리면…… 죽음이다. 어떻게든 케이크 하나 정도는 사야 했다. 돈은 떨어지고 카드는 사용 중지다. 할 수 없다. 아내가 자는지 확인하고는 슬그머니 집사람 지갑에 손을 뻗었다. 고민할 여유가 없었다. 카드를 꺼냈다. '맑은 영혼의 소유자 정봉주'가 아내 지갑에 손대는 도둑놈이 되는 순간이었다.

천진난만한 딸의 손을 잡고 잠든 아내의 카드로 케이크를 사오는데 때맞춰 비가 억수같이 쏟아졌다. 빗물인지 눈물인지 자꾸만 뭔가가 흘러내렸다. 딸이 자꾸 아빠 얼굴을 쳐다보았다. 이럴 땐 비가 참 고맙다.

김소운 선생의 수필을 보면 '왕후의 밥, 걸인의 찬'이라고 했던가. 맞는 비유인지는 모르겠지만 나는 오늘 걸인의 지갑으로 왕후의 생일 케이크를 샀다. 참 나쁜 남편, 못난 아빠다.

곤히 자는 아내 곁에 잠시 누워 등 뒤에서 아내를 슬며시 안았다. 그리고 곤히 자는 아내가 깨지 않도록 쏟아지는 눈물을 힘겹게 삼키며 나지막이 속삭였다.

"여보, 미안해. 사랑해!"

내가 **부르다 죽을 이름**이여

노무현, 반드시 기억해야 할 그 이름

청문회 스타로 이름을 날린, 이 시대 정치를 꿈꾸는 사람들이라면 정치인으로서의 노무현을 반드시 알아야 한다. 그만큼 지난하지만 바른 길을 묵묵히 걸어온 사람이기 때문이다.

1997년, 종로2가 파고다어학원과 시사어학원 사이에서 외대어학원을 오픈하는 날이었다. 과거 재야 운동을 하던 선배들이 많이 와서 축하를 해주었는데 그 자리에 노무현, 당시로서는 지금의 나와 같은 낙선 의원, 즉 백수께서 찾아와주었다.

축사 순서다.

"저는 여기가 뭐하는 데인지도 잘 모르겠고요, 여기서 성공해서 돈을 많이들 벌었으면 좋겠네요. 돈 많이 벌면 우리들 정치하는 데 후원 좀 많이 해주세요.”

모인 사람들이 박장대소하며 환호하고 즐거워했다.

이듬해 1998년인가 MB가 선거법 위반으로 그만두게 된 종로 국회의원 재보궐선거에서 노무현 후보가 출마했다. 학원이 종로에 있었기에 마침 그분의 선거구였다. 선거운동을 지원하기 위해 찾아갔는데 창신동 벼룩시장 근처에서 유세 중이란다. 그쪽으로 갔다. 핸드폰도 몇 개 없던 시절이라 어디 있는지 무작정 찾아 나선 뒤 함께 다니면서 유세를 지원할 생각이었다.

노무현 후보를 찾아다니는데 시장 한복판에서 웅성거리는 소리가 들렸다. 사람들을 뚫고 들어가보니 노무현 후보가 어떤 시민과 언쟁을 벌이고 있었다.

“정치인들 다 욕하고 나면 결국 정치는 누가 합니까? 이놈도 나쁜 놈이고 저놈도 나쁜 놈이어서 다 하지 말라고 하면 누가 하지요? 결국은 누군가는 할 수밖에 없습니다. 욕 잔뜩 해서 좋은 사람들 다 포기하고 떠나면 돈 많이 해 처먹을 놈, 국민 속일 놈들만 정치하겠다고 남지 않겠습니까? 그러면 그 피해는 국민 몫이지요?”

구구절절 맞는 말이었다. 하지만 지역 유권자들하고 싸우고 있으니 수행하는 비서들은 미칠 지경이었다. 팔을 잡아끄는데도 악착같이 한마디라도 더 하려고 버티고 있던 노무현 후보였다.

그런 노무현 후보는 몇 년 뒤 대통령이 되어서 국민 앞에 나타났고 나 또한 탄핵 뒤에 국회의원이 되어서 '탄돌이'라는 영광스런 이름을 달고 여의도에 섰다. 대통령은 17대 국회의원으로 당선된 의원들을 축하하기 위해 청와대 영빈관에서 축하 만찬을 준비했고, 나는 이 자리에서 대통령을 다시 만났다. 대통령도 즐거워했고 당선된 의원들도 즐거워했다. 청와대 영빈관에 '님을 위한 행진곡'이 울려 퍼졌다. 대통령이 선창하고 모두들 어깨동무를 하고서 함께 불렀다. 아마 노무현 대통령에 대한 좋은 기억의 마지막 장면이 아니었나 싶다.

국회의원 시절에는 교육위에서 활동하다 보니 교육 문제로 청와대에서 대통령과 심하게 논쟁을 벌인 적이 있다. 말이 논쟁이지 대통령한테 심하게 대들었다고 하는 편이 맞다.

17대 국회가 시작되고 개혁적인 의원들이 많이 당선되었는데도 당과 청와대 간에 의견 조율이 잘 안 되는 경우가 많았다. 엄밀히 따지면 열린우리당이 여당이었지만 당이 청와대 눈치를 보면서 청와대가 결정한 정책을 무비판적으로 수용한 적이 잦았다. 당이 홀로 독자적으로 서서 정치적 판단과 결정을 해야 한다는 '당(여당)-청(청와대) 분리' 주장은 논리적으로는 옳은 주장이었다. 참여정부의 철학이었다. 하지만 당과 청와대가 의견 조율이 되지 않아 '아마추어리즘'이라는 보수 언론의 비판도 있었고 실제 많은 이견이 노출된 듯이 보였기 때문에 국민으로부터 비난도 터져 나왔다.

당은 오히려 중요 정책과 관련해서는 청와대와 심도 있게 의견

달려라 **정봉주**

조율을 원하는 쪽이었다. 결국 당-청의 의견 조율이 잘 안 된다는 방향으로 여론은 흘러갔고 이 문제는 정권의 신뢰도나 지지도가 하락하는 것과도 연결되었다. 보수 언론은 신이 나서 비판의 수위를 높였고 언론은 연일 당과 청와대 간의 대립, 불일치, 그리고 갈등 양상에 대한 기사를 쏟아냈다. 과장도 없지 않았지만 결과를 자초한 측면이 더 컸다.

당-청 의견 불일치라는 문제가 심각한 양상을 띠자 청와대는 이에 대응책을 마련했다. 2005년 여름, 9월에 있을 정기 국회를 앞두고 국회 각 상임위별로 대통령과 만찬을 하면서 당면한 중요 정책들을 의견 교환하기로 결정한 것이다.

우선 당시에는 사립학교법 개정이라는 매우 중요한 당면 과제가 있었기 때문에 대통령과의 만찬 1순위로 교육위가 선택되었다. 청와대에서 대통령과 만찬이 시작되었다. 점잖게 말하거나 잘 보이기 위한 발언을 늘어놓거나 스스로 교육 문제에서는 대통령보다 한수 위인 것처럼 말하는 각양각색의 의원들이 모였다.

내 차례가 되었다.

참여정부의 교육정책은 문제가 있다는 투의 말을 늘어놓았다.

2. 정봉주의 情

대통령 앞이라고 쫄 정봉주가 아니지 않은가. 안하무인인 태도에다 말하는 투도 건방지게 보였으니 대통령인들 곱게 들렸을 리 만무했다. 대통령과 만난 자리이니 정치 문제 전반과 당-청 관계 등의 이야기가 바람직하겠다고 청와대 측 배석자가 말했다.

일단 탄력이 붙으면 그런 지적에 아랑곳할 사람이 아니다. 한발 더 나아가 교육 문제 중에서도 교육 분야에 투입될 재정 예산 확보 문제로 이슈를 옮겼다. 정부 입장에서는 예산이란 것은 한정되어 있고 급한 것은 교육 분야뿐만이 아니었다. 쓸 곳은 많고 예산은 부족한 것이 늘 정부 입장이다. 잘 알고 있다.

그래도 자기 상임위에 관련된 예산 확보에 집착은 불가피하다. 교육 예산은 당시에 GNP 대비 4.2퍼센트 정도 수준밖에 되지 않았는데 애당초 GNP 대비 6퍼센트로 올리겠다고 약속한 사실을 상기시켰다. 노 대통령의 대선 공약이었다. 재정 확보와 분배의 어려움을 토로한다. 맞는 말씀이다. '그래도 대선 때 했던 공약은 지켜야 하는 것 아닌가?'라고 따져 묻는 형국이 되었다. 대선 출마 당시의 공약을 지키라고 또 주장했다. 노 대통령은 불쾌한 표정이 역력했지만 반은 농담조로 말씀하셨다. 그렇게 따질 거면 청와대 들어오지 말라고.

물러서지 않았다. 그렇다면 나도 이제 참여정부 동안에는 청와대 절대로 안 들어오겠다고 맞대응했다. 나중에 곰곰이 생각해보니 노 대통령에게 대든 정도가 건방진 수준을 넘어선 것이었다. 소통을 즐기는 분이었기에 망정이지 지금의 '불통 가카' 같았으면 대

드는 순간, 제명이 됐을 것이다.

그렇게 별로 유쾌하지 않게 만찬이 끝났다. 마지막 기념촬영 순서에는 다른 의원들이 근엄하게 서서 형식적인 자세를 취한 반면 나는 친한 척한답시고 "대통령 형님!"이라고 하면서 끌어안고 사진을 찍자고 했다. 노 대통령은 언제 불쾌한 일이 있었냐는 듯 기꺼이 나를 안고 자세를 취해줬다. 전무후무하게 대통령과 껴안고 찍은 사진이 탄생한 것이다. 대통령이 어린아이를 안고 찍기는 해도 다 큰(?) 어른을 껴안고 찍은 사진은 없을 것이다.

2. 정봉주의 情

"미안합니다, 사랑합니다"

대통령에게 씻을 수 없는 잘못을 한 것은 2007년 대선 때였다. 대선을 앞두고 열린우리당 간판으로는 도저히 대선과 총선을 치를 수 없다는 위기감이 돌면서 열린우리당에 비판과 자성이 유행처럼 러시를 이룰 때였다. 대통령에게 열린우리당을 탈당하라는 요구에서부터 그렇지 않으면 의원들이 당을 떠나겠다는 탈당 사태가 이어지는 등 가히 극심한 '총체적 혼란'의 시기였다.

하지만 노 대통령은 당시 여권의 후보군으로 떠오르는 분들에 대한 비판적 평가에서부터 정치적 입장까지 소신을 분명히 밝혔다. 이미 떨어질 대로 떨어진 지지율을 보면 국민의 비판은 불 보듯 뻔한 상황이었다. 그럼에도 대통령의 소신 발언은 줄어들지 않았다.

의원들이나 당의 입장에서는 당에 대한 모든 비판적 평가나 당의 지지율 하락의 원인으로 대통령의 '언어'를 꼽았다. 대통령이 한 마디 하고 나면 두 마디씩 대통령을 비판했다. 보수 언론들은 당 소속 의원들과 대통령이 진흙탕 싸움을 하는 것으로 보이니 얼마나 재미있고 신났겠는가? 불구경과 싸움 구경하다가 부모님 임종도 못 지켜본다는 말이 있을 정도로 싸움 구경은 신나는 일이다. 특히, 보수 언론과 우리에게 등을 돌린 국민에게는 더욱 그랬다.

대통령의 '말과 입'에 대한 비판은 단순한 수준을 넘어섰다. 저주에 가까웠다. 그 저주에 가까운 비난을 하는 데 내가 제일 앞장섰다. 당시엔 어쩔 수 없었노라고 이제와 변명하기에는 너무 아픈 말들을 거침없이 쏟아냈다. 한번 터지면 거의 방언 수준이었으니 아무도 말릴 수 없었다. 내 '말과 입'이 누구보다도 아픈 수준이니 자제하라는 주위의 만류에도 아랑곳하지 않고 천방지축으로 날뛰며 날 선 소리들을 쏟아냈다. 씻을 수 없는 죄악이었다.

노 대통령의 갑작스러운 서거. 지역 내 사무실 근처에 지역 분향소를 설치했다. 7일 동안 하루도 빠지지 않고 상주가 되어 분향소를 지켰다. 엎드려 울부짖는 문상객들을 맞이했다. 모두 흐느꼈다. 때론 통곡하기도 했다. 아무 말도 못하고 눈물만 흘렸다.

한결같이 "죄송합니다!", "잘못 했어요!"라고만 할 뿐이었다.

그런 모습을 보고 있는데 참을 수가 없었다. 아버지 돌아가셨을 때도 마지막 입관하고 운구차 떠날 때 입에서 나온 말이라곤 고작 "아버지, 잘못했어요!"이었다.

철없던 시절 그렇게 많은 속을 썩였던 지난날의 회한이었으리라. 그런 장면이 오버랩되었다.

하염없이 눈물이 났다. 이 모든 이들도 한때 대통령에게 했던 죄스러운 마음에 자기도 모르게 "잘못했어요!"라는 감정이 터져 나왔을 것이다.

참을 수 없는 슬픔이었다.

피를 토하고픈 후회였다.

살아 계실 그때, 잘못했던 것을 용서받을 수 있다면 수천 번 수만 번이라도 사죄한다며 머리를 조아리고 또 조아리고픈 심정이었다.

돌이킬 수도 없다.

용서를 구할 수 없다는 것도 안다.

하지만 그나마 용서를 구할 수 있는 길이 있다면 대통령께서 남긴 '진보의 길'을 흐트러짐 없이 묵묵하게 뚜벅뚜벅 걸어가는 것일지도 모르겠다.

그 길, 어느 끝에서 대통령을 다시 만날 수 있을지도 모르니 말이다. 그때는 진정으로 꼭 부둥켜안고 웃을 것이다.

정말 당신을 사랑했노라고, 그리고 용서를 빌 것이다.

달려라 정봉주

인정받지 못한 삶, 나의 또 다른 이름은 루저

정치, 경제, 사회, 모든 것이 최악이 되었다. 국가의 지도자를 잘못 선택한 우리의 과거 행위에 대가를 톡톡히 치르고 있는 중이다. 김대중 대통령께서 무척 정확하게 잘 정리해주었다. 민주주의는 후퇴했고, 남북관계는 완전히 단절되어 한반도의 위기는 고조됐으며, 서민 경제는 최악의 상황에 빠졌다고. 말 그대로 모든 것이 뒤엉킨 야만의 사회로 뒷걸음질쳤다. 이 정권이 끝날 때 상황은 아마도 더욱 악화될 것이다.

그렇다면 누구의 고통이 가장 클까? 말할 것도 없이 국민 대다수를 차지하는 중산층과 서민들이다. 아무런 죄도 짓지 않았는데 누군가를 대신해 대가를 치르고 있는 중이다. 누구보다도 고통스러운 세대는 이제 세상에 첫발을 내딛는 젊디젊은 20대다. 지나온 시간 동안 학업의 고통에 빠져 있을 때도 경제 위기를 맞이한 부모들의 상황 때문에 행복한 10대를 보내지도 못했던 세대다. 과도한 학업에 시달리면서 부모님 세대의 절망을 보고 살아왔다.

최근 이런 상황은 더욱 악화되었다. 세상을 만나면서부터 절망적이다. 학창 시절 내내 등록금으로 고통 받았고 끝나지 않는 아르바이트로 청춘은 피폐해질 대로 피폐해졌다. 눈앞에 펼쳐지는 새로운 세상은 절망에서 시작된다. 희망이라고는 찾아볼 수가 없다. 바늘 구멍 같은 취업의 터널을 뚫고 들어갈 가능성조차도 희박하다. 청년 실업의 고통 속에, 그나마 버틸 수 있는 현실도 비정규직이라는 그늘에 가려져 있다. 사회의 구조적 문제로 인식하고 그냥 감내하고 받아들이기에는 모든 것이 절망적이고 억울하다.

여태껏 살아오면서 다른 사람들에게 충고하고 힘을 주는 것에 인색했다. 모든 세상사가 그렇듯 온갖 어려움을 겪으며 결국은 혼자서 극복하고 뚫고 나가는 것이라고만 생각했다. 옆에서 누군가가 도와주거나 힘을 주는 격려의 말을 하면 오히려 맥 빠질 것이라 생각하고 주제넘게 충고하고 격려하는 것을 피해왔다. 하지만 사회의 구조적 문제로 절망에 빠진 젊은 세대의 고통을 더 이상 외면하는 것은 죄악이다.

이제부터라도 함께 어깨동무하고 걸어가야겠다. 청소년 시절 누구나 아픈 추억이 있겠지만 나 역시 늘 인정받지 못한 삶이었다. 공부는 멀리하고 어떻게 하면 짜릿하고 즐겁게 인생을 살 수 있을 것인가를 고민하던 철없는 청춘에게 남은 결과는 늘 사고뭉치라는 낙인뿐이었다. 사고 치고 싸우고 다니는 문제투성이인 학생을 어느 교사, 어느 학교가 좋아하겠는가. 선생님과 부모님의 묵직한 훈계보다는 땡땡이치는 것으로부터 더 많은 인생의 교훈을 얻었다고 입버릇처럼 떠들고 다녔다.

이 학교 저 학교를 전전하다 우여곡절, 삼수 끝에 대학에 들어갔다. 대학에서 학생운동할 때는 그나마 인정을 받았다. 학교 측에서 본다면 눈엣가시였겠지만 말이다. 그런데 이상한 일은 동지들끼리 모인 운동권 내에서 느껴지는 묘한 감정이었다.

그때나 지금이나 천성이 가볍고 경박한 데다 품행까지 방자하여 권위와는 거리가 먼 캐릭터였으니 장엄하고 진중해야 할 운동권 분위기하고 맞았을 리 없었다. 까불어야 하는데 까불지 못해서 스트레스 받는 것은 어쩔 수 없었다 쳐도 이상하게 정통 운동권이라고 자부하는 사람들한테도 인정받지 못했다. 중요한 결정이나 논의가 있을 때는 자기들끼리 따로 논의했다는 것을 나중에야 알았다.

나도 모르게 '왕따'였던 것이다.

지금도 학생운동을 같이했던 사람들을 만나면 자신들은 정통이고 난 그저 사이비쯤으로 생각해 인정하지 않으려는 분위기가 조금은 남아 있다. 민주동문회 같은 곳은 학생운동을 같이했던 사람들이 주로 모이는 곳인데 아직도 그런 분위기가 남아 있는지 적극적으로 참여하기가 어렵다.

어쨌든 산다는 것이 그냥 내 일만 열심히 하면 되는 것이고 인정받고 말고의 여부는 다른 사람들 몫이다. 그러니 내가 어찌할 바 있겠느냐고 생각하면서 그때도 앞만 보고 열심히 달렸다.

계보 없는 '왕따' 국회의원의 삶

정치권에 들어와서 이런 나의 스타일을 인정받지 못하는 분위기는 더욱 심해졌다. 국회의원에 당선된 것도 운이 좋아서였다고 평가하는 사람들이 대부분이었다. 그도 그럴 것이 2004년 열린우리당 경선의 문턱을 넘어서야 했는데 늦게 출마를 결정한 탓에 지지세가 가장 약한 편이었다. 선호투표제라는 것이 도입되어서 1차 경선에서 1위 후보가 과반수가 안 되면 2차, 3차까지 가면서 결정하는 제도였다.

1차에서 4명 중 3위였다. 2차에서 간신히 공동 1위로 올라섰고 3차에서 최종적으로 후보가 되었다. 노무현 대통령 탄핵 뒤 3일

후에 열린 경선이었고 열린우리당 지지율이 폭풍상승해서 50퍼센트를 넘어섰다. 후보만 되면 무조건 당선되는 분위기였다. 그런데 3등이 결국 최종 후보가 되었으니 얼마나 운이 좋다고 느꼈겠는가.

운만 좋은, 실력은 별로 없는 의원, 국회의원 중에 가장 운 좋은 의원이라는 시샘을 받으며 의정 활동을 시작했다. 국회의원이 되자마자 바로 언론의 조명을 받기 시작했으니 역시 운이 좋다는 말과 함께 콘텐츠는 없으면서 타고난 감각으로 언론의 주목을 끈다는 평가들을 받았다. 그러다 곧 꺾일 것이고 언론의 관심도 멀어질 것이라고 혹평들을 했다. 그런데 언론은 까불고 천방지축으로 날뛰는 것이 재미있었나 보다. 많은 기사에서 내 말을 자주 인용한 것을 보니.

정치는 계보라고 주장한다. 그래서 계보에 들어갔다. 과거 민주화운동 시절 존경하던 분을 쫓아다녔다. 무슨 일을 하면 늘 열심히 했다. 열정을 갖고 열심히 했다. 그런데도 평가를 좋게 받거나 인정받지를 못했다.

좋은 평가는 더 진지하게 말하고 과거 운동권 시절에도 화려한 경력을 갖고 있었던 후배들 몫으로 돌아갔다. 그냥 내가 좋아서 돕는 거려니 생각하는 것 같았다. 그 계보 내부에서도 당내 선거가 있을 경우 조직을 구성하면 의미 있는 직책은 다 그렇게 인정받고 화려한 민주화운동 경력을 가진 분들의 몫이었다.

한번은 당 대표 선거가 있었다. 내가 미는 후보가 당 대표로 선출

2. 정봉주의 情

되기 위해서는 전국을 다니며 선거운동을 해야만 했다. 우선 전국을 몇 개의 권역으로 나눈 지역에 우리 팀에서 책임자를 정하기로 했다. 그동안 나도 열심히 뛰지 않았나. 이번 기회에 확실한 책임을 맡아 도움이 되고 싶었다. 그런데 아니나 다를까 그 내부에서도 잘 나고 주류라고 하는 분들이 주요 직책을 다 차지했다. 들어설 자리가 없었다. 서먹한 분위기였다. 자기들 입장에서도 와서 열심히 돕는다고 하는데 맡길 자리가 없었으니 조금 미안하긴 했나 보다.

회의 석상에서 서먹한 분위기를 깨고 부산 지역의 책임을 맡겠다고 했다. 국회의원쯤 되면 지역을 맡더라도 거의 형식적으로 얼굴마담을 하면서 지역 실무 책임자에게 맡겨놓고 한두 번 정도 가보면 되는 것이 보통의 당 선거다. 그런데 그 길로 짐을 싸들고 부산으로 갔다. 아내에게는 보름 정도 부산에 내려가 있겠다고 해놓고.

'당내 선거가 얼마나 중요하기에 집까지 비워가면서 해야 되냐'는 아내의 핀잔을 뒤로하고 수행비서와 단둘이 내려갔다. 자기들끼리만 서로 인정하는 사람들 사이에서 '왕따' 느낌 받는 것도 싫었고 그냥 앞만 보고 달리고만 싶었다.

그렇게 자진해서 내려온 부산에 보름 정도 있었다. 부산의 크라

운호텔에서 묵고 있는데 말이 호텔이지 당시는 시설이 시원찮아서 밤에 술 한잔 하지 않고서는 들어가고 싶지가 않았다. 그렇게 타지에서 보름간 지낸다는 게 쉬운 일만은 아니었다.

선거 끝나고 서울 캠프에 돌아온 뒤에도 내가 무슨 일을 했는지 다른 분들은 관심도 없었다. 부산에 가 있었는지조차도 모르는 것 같았다. 어떤 의원으로부터는 왜 그렇게 회의에 나오지 않았냐는 질책 섞인 질문만 받았다. 물론, 열도 받았다.

한번은 부인들끼리의 모임에서 누군가의 부인이 했다는 얘기를 아내로부터 전해 들었다.

"정봉주 걔는 지가 무슨 연예인인 줄 아나봐?"라고 했다는 것이다. 나름대로 열심히 한다고 했는데 내 스타일이 마음에 들지 않았던 모양인지 달가워하지 않는 표정이었단다. 내 아내도 참석한 모임에서 그런 말이 나왔으니 아내가 기분이 상했나 보다. 모임에 다녀온 아내가 퉁명스럽게 말했다.

"당신도 이제 다른 사람 뭐 하는데 도와주지 좀 마. 무슨 똘마니처럼 다른 사람 도와주고 인정도 받지 못하고 그래!"라며 쏘아붙이는 것이었다.

정치권에는 독특한 정서가 있다. 열심히 참여해서 일을 하는 사람은 당연히 그래야 되는 것처럼 인식하는 경우가 있다. 생색내는 사람이 오히려 더 열심히 일하는 것처럼 받아들여지는 것이 현실이다. 아내에겐 미안하지만 이런 일 저런 일 따지지 않고, 그래도 누군가 해야 할 일이라면 그저 묵묵히 열심히 하려 했고 지금도 그런 '똘마니 정신'으로 살고 있다.

그래도 계보정치는 하지 않겠다

당 지도부 중의 한 분을 나름대로 정성을 다해 열심히 도왔다. 물론, 내 이해도 계산하지 않을 수 없지만 다른 분을 도울 때는 그런 생각 안 하고 다 내놓고 열심히 하려고 한다. 정말 정성을 다했지만 역시 중요한 결정을 할 때는 내부의 논의 구조에서 제외되었다. 계보정치라는 오래된 관행 때문에 그런 것인지 원래 신뢰받지 못하는 스타일인지 알 수 없지만 기존에 자신들과 논의하던 사람들이 결국은 최종 논의의 대상이 될 뿐이었다.

열심히 하려 해도 결국은 과거에 맺어진 관계, 운동권 시절에 형성된 서열 관계 이런 것들이 조직 구성의 우선순위인 것 같았다. 내 딴에는 그것이 계보정치라고 생각하고 나름대로 그 계보에 들어가려고 열심히 했는데 돌아오는 것은 그냥 한순간 잠깐 이용할 수 있는 사람이란 인식밖에는 없었던 것 같다.

그래서 결심했다. 정봉주는 계보정치 안 하겠다고 말이다. 물론, 오세훈 전 서울시장의 대권 출마 포기선언처럼 아무도 관심을 갖지 않았다. 그렇게 마음먹고는 이래저래 계보로 묶인 모임에는 일체 기웃거리지 않기 시작했다. 그런데 이제야 치명적인 매력을 알아

본 것인지 요즘은 내 밑으로 자꾸 선을 대는 '정봉주 계보'가 생기려고 한다. "음푸하하하."

계보에 참여하지 않으니 별로 인정받지 못하는 정치인생이 더욱더 초라해지는 느낌이었다. 2007년 대선 때 열심히 물고 늘어졌던 BBK 사건 때도 비슷한 분위기였다. 그냥 좀 튀는 걸 좋아하다 보니 이미 기운 선거에서 BBK를 물고 늘어진 것으로 보는 사람들도 적지 않았던 것 같다.

가까운 사람들도 '이미 대통령 선거가 기울었는데 그렇게 물고 늘어지다가 다치면 어쩌려고 그러냐'며 말리기도 했다. 그런데도 BBK 건은 들여다보면 볼수록 멈출 수가 없었다. 지금 현재 당 지도부 중의 한 분이 말렸다. 이제 그만 하라고. 혼자 다친다고. 그런데 걱정해주는 모습이라기보다는 조금은 한심하게 여기는 표정으로 느껴졌다. 지켜줄 계보도 없이 혼자 독불장군처럼 정치하는 것이 안타깝게 보였던 모양이다. 그렇게 몇 번 쓰인 다음 버려질 카드로 보였다면 그런 생각을 할 수도 있었겠다. 혼자서 천방지축 쏘다니는 모습만 보였으니 얼마나 철딱서니 없어 보였겠는가.

18대 총선에서 낙선하고는 그나마 당에서 배려한다고 준 직위가 민주정책연구원 부원장이었다. 교육 담당이었다. 원래는 그냥 자리만 지키는 한직 같은 것이었다. 그런데 정말 만족스러웠다. 나에게 잘 맞는 자리였다. 교육 담당이라는 역할을 적극적으로 살려

2년간 전국을 돌면서 100회 이상 당원 교육을 시켰다.

'찾아가는 1만 핵심당원 교육', '최고지도자 과정', '리더십 아카데미' 등 닥치는 대로 프로그램을 운영했고 또 기꺼이 그 교육의 책임을 떠맡았다.

전라도 땅끝 해남에서부터 경상도 땅끝 거제도까지 안 다닌 곳 없이 전국을 누볐다. 열심히 뛰어다니면서 가장 행복한 순간을 이어갔다. 전국을 내 집 안방처럼 돌아다녔다. 말이 100회지 일주일에 한 번에서 두 번 정도는 지방 출장 교육이었다. 그렇게 전국을 다녔다. 그냥 달린 기억만 난다.

스스로 임명한 인터넷 홍보본부장

2010년 지방 선거에서는 한명숙 서울시장 후보의 선거에 올인했다. 당에서 서울시장 선거 조직을 짰다. 나 역시 지역위원장이다 보니 이번만큼은 어떤 책임을 맡을 것 같았다. 그런데 아무도 무엇을 하라고 부르지 않았다. 궁금해서 캠프에 와 봤더니 이쪽저쪽의 계보와 관련된 사람들이 모두 와서 이미 조직이 짜여서 굴러가고 있는 것 아닌가. 또, 계보인가 싶었다. 지독했다.

그런 걸 보고도 안 가고 있으니 누군가 유세를 맡을 것인지, 아니면 조직을 맡을 것인지 물었다. 그래서 그 분야 사람들이 모여서 회의할 때와 전체 본부장들이 회의할 때 잠깐 참여를 했다. 이미 다

짜인 자리에 들어가서는 천덕꾸러기가 되기 십상이었다. 안 하겠다고 했다.

참담한 심경으로 돌아 나오는데 절친한 후배 의원이 무엇을 할 것인지 직접 찾아보라고 했다. 이미 본부장들은 다 결정이 되었으니 기존 조직에는 들어갈 수 없는 형편이었다. 일을 찾아 이리저리 기웃거리는데 누군가 인터넷 선거운동을 하는데 한번 해보겠냐고 제안을 해왔다.

'언제 자리 따지며 일했나, 그냥 주어지면 열심히 하는 거지'라고 마음먹고 의원 축구부 주장 맡을 때처럼 직접 인터넷 홍보본부장이란 직함을 만들어 그 자리에 앉았다. 물론 언제나처럼 아무도 임명해주지 않았다.

'인터넷 홍보팀'이 일하는 곳에 갔다. 마포의 한 지하실을 스튜디오로 꾸며놓고 준비하고 있던 것은 이른바 「한명숙 TV」였다. 캠프 관계자들이 아니라 촛불집회 때 개인 인터넷 중계를 했던 팀들이 모여 있었다. 이들도 역시 나처럼 자발적으로 나름의 역할을 열심히 하는 분들이라 생각하니 마음이 통했다. 아무도 알아주지 않는 한직이어도 행복할 것 같았다.

집에 갔더니 아내가 대뜸 이번에는 무슨 일을 맡았냐고 물었다. 자초지종을 사실대로 말해주었다. 돌아오는 대답은 핀잔 가득한 구박.

"또 그놈의 아무도 신경 쓰지 않는 일을 '자진해서' 맡았구나. 본부장은 무슨 얼어 죽을. 세상에 본부장을 자기가 만들어서 하는 게 어디 있어!"

그렇게 「한명숙 TV」를 시작했다. 첫날은 둘이서 12시간 이상 진행했다. 이후 날마다 적게는 6시간에서 많게는 8시간 동안 진행했다. 당연히 당 안이고 밖이고 간에 「한명숙 TV」에 관심을 갖는 사람이 거의 없었다. 그런데 선거가 중반에 접어들면서 열기가 고조되자 점차 관심을 끌기 시작했다. 선거가 막바지에 접어들면서는 캠프 내에서 「한명숙 TV」를 보지 않으면 간첩이 되는 분위기였다.

특히 젊은 유권자들 사이에서는 캠프와 소통하는 거의 유일한 디지털화된 창구였다. SNS 소통의 시작이었다. 시간이 가면서 더욱 관심이 집중됐고 「한명숙 TV」로만 선거운동을 하는 것처럼 착각할 정도로 사람들의 관심이 집중되었다. 캠프에서 「한명숙 TV」를 공식 석상에서 언급하는 일이 잦아졌다. 선거 막바지에 '대박'이 터진 것이다.

TV 운영을 할지도 결정되지 않은 상황에서 자진해서 맡은 「한명숙 TV」는 천덕꾸러기에서 선거운동 최고의 효자로 태어나는 순간이었다. 개인적으로도 운명이 갈리는 순간이었다. 이렇게 달려온 「한명숙 TV」의 결과가 '정봉주와 미래권력들'의 결성으로 나타났다. 정봉주 팬 카페가 정식으로 탄생한 것이다.

당원들 교육도 열심히 했겠다, 「한명숙 TV」로 얼굴도 좀 알렸겠다 싶어 민주당 전당대회 최고위원 선거에 도전했다. 대의원 투표에서는 해볼 만하다고 판단했다. 워낙 많은 대의원들이 내 교육을 받았으니 가능할 법도 했다. 그런데 문제는 후보자들이 많다 보니 전국의 400명 가까운 중앙위원들을 유권자로 모아놓고 하는 당내 예비선거였다.

이른바 컷오프라는 예비선거인데 보기 좋게 탈락했다. 될 가능성이 큰 본 선거에는 나가지도 못하게 된 것이다. 역시 지역위원장들이 주축이 된 중앙위원들을 대상으로 한 선거는 계보정치의 정점처럼 보였다. 결국 누구의 계보라는 것이 득표의 요인이었다. 정봉주야 아무 계보도 없으니 표가 나올 리 만무했다. 또다시 계보가 없다는 이유로 패배를 맛보았다. ‘에이, 열 받는데 확 한나라당으로 가버릴까 보다.’

얼마나 당을 위해서 헌신했느냐, 아니면 전망을 보여주었느냐 하는 것은 중요치 않았다. 중앙위원과 대의원을 얼마나 확보한 계보에 들어가 있느냐가 예비선거 승패의 결정 요인이었던 것이다. 그래서 민주당은 이런 계보정치를 깨기 위한 선거 형태를 도입하지 않으면 몰락한다고 지적한 것이다.

　　　　　　　　　　　　　　　　　　2. 정봉주의 情

3부

정봉주의

熱

열

MB 정권은 민간 독재 국가를 만들어 가고 있다. 민주주의 국가에서 가장 중요한 요소인 언론 자유를 폭압적으로 짓누르고 있다. 인터넷 논객 미네르바를 구속하기도 하고 정치 개혁의 선봉장인 SNS까지 탄압하려 한다. 하지만 정치 지형은 이제 새로운 형태인 '주인공 정치'로 나아가는 중이다. 일방통행식 구태 정치에서 소통하며 즐기는 정치로 환골탈태하고 있다.

히틀러 싱크로율 100%

국회 무력화 시나리오 대국민 세뇌 작업

정권의 성격을 파악하고 규정하는 것은 생각보다 어렵지 않다. 마찬가지로 MB 정권의 성격을 파악하는 것도 마찬가지다. 역사는 정권의 성격 규정을 정확한 매뉴얼로 가르쳐주고 있다. 극우 보수 정권은 자신들의 권력을 공고히 하기 위해 끊임없이 연구하고 노력한다. 불법은 성실하니까.

그렇다면 극우 독재 정권을 꿈꾸는 자들의 통치 교본은 무엇인가?

인류 역사상 가장 참혹한 독재자였던 히틀러와 파쇼 정권의 통치술이 이들의 통치 교본이요, 교과서일 수밖에 없다. 히틀러를 위시한, 이후 중남미, 아프리카, 아시아에서의 군부독재는 판에 박은 이 통치 방식을 그대로 따르고 있다. MB 정권이 운영하는 21세기의 대한민국을 들여다보면 등골이 오싹할 정도로 파쇼의 통치술 판박이다.

히틀러를 모델로 한 독재 정권은 자신들의 체제를 강화하기 위해 몇 가지 틀에 박힌 형식을 제시하고 있는데 의회를 무력화하는 것이 첫 번째이다. 다음으로 언론을 장악하는 것이다. 셋째는 반대파, 비판자들을 체포하거나 위협하는 것이다. 네 번째가 시위를 금지하는 것이고, 마지막이 무장 군인을 배치하는 것인데 이로써 독재 정권의 통치술은 완성된다. 이 공식을 대입했을 때 싱크로율이 높을수록 정권의 성격은 독재적이라고 간단하게 정의할 수 있다.

이 공식에 MB 정부를 대입시켜보자.

첫 번째 공식이 의회를 무력화하는 것인데, 이는 독재 정권이 맨 먼저 하는 책략이다. 의회를 무력화하기 위한 고전적인 방법은 군 병력으로 에워싸고 의회를 해산시키는 것이다. 하지만 현대 정치에서 군 병력이 동원되는 순간 백일 된 아기들조차 촛불을 들고 저항한다. 전통적인 방식인 군 병력의 동원으로는 의회를 무력화할 수 없다. 그렇다면 현대 정치에 맞게 변형된 무력화 방식을 채택해야 한다. 현대에 맞게 변형된 방식은 국민 인식 속에서 의회를 지워버리는 것이다.

그 방식은 크게 세 가지다. 첫째, 국회를 통법부로 전락시킨다.

즉, 법을 통과만 시키는 기구로 만든다는 의미다. 둘째, 국회가 개혁의 걸림돌이라는 허상을 조작한다. 셋째, 국회를 폭력 집단으로 매도하면서 의미 없는 집단이라고 국민을 세뇌시키는 것이다. MB 정부 동안 한나라당과 청와대의 관계를 보면 당이 독자적으로 자신의 주장과 목소리를 낸 적이 과연 얼마나 있었는지 의문이 든다.

청와대에서 결정하는 것을 통과시키는 과정에만 서 있었을 뿐이다. 정권이 들어선 이후 한나라당 의원들조차 청와대가 결정한 법안의 내용을 잘 모른 채 법안을 밀어붙인 경우가 적지 않았다는 보도가 많았다. 적지 않은 법안들이 상정 강행을 결정하기 하루 이틀 전에야 그러한 법안들이 있는 줄 알았다고 전해진다. 한나라당 의원들 상당수가 그랬다는 것이다. 이렇게 국회가 통과의례만 거치는 통법부로 전락하면 한나라당조차도 의미 없는 집단, 즉 자연스럽게 국민 인식 속에 국회는 무의미한 기관이 되어버린다. 의회 무력화다.

아울러 청와대는 끊임없이 국회가 걸림돌이 되지 않기를 바란다고 대국민 호소를 해왔다. 국회가 도와야 하는데 발목을 잡고 있다고 하소연한 것이 한두 번이 아니다. 바로 국회를 무력화시키기 위한 대국민 세뇌 작업의 종결 판이다. 총칼로 국회를 무력화시키는 것보다 더 잔혹하다. 또 보수 언론들은 국회의 폭력성을 부각시킨다. 국회는 폭력 집단이라고 규정짓는 것이다. 일은 하지 않고 싸움만 하는 폭력 집단이라고 믿게 만들면서 국회무력화에 종지부를 찍는다. '국회는 없다, 믿지 마'라는 이미지를 덮어씌우면서 말이다.

MB 정권 괴벨스를 만나다

독재 정권을 규정하는데 언론을 장악하는 정책이 가장 핵심이다. 히틀러 체제는 언론 장악에서 시작되고 완성됐다. 언론 장악의 총책은 독일의 선전장관 파울 괴벨스였다. 괴벨스는 반대하는 언론들을 폐간시키기 위해 법령 개정을 총괄 지휘한 다음 이를 근거로 언론을 장악했다.

MB 정권 아래에서 언론 문제는 최시중 방송통신위원장이 총괄하는 모양을 갖추고 있다. MB 정권이 들어서면서 각 방송사 사장이 교체되었다. 이 정권 들어 가장 심혈을 기울인 것이 방송과 언론 장악이다. 공영방송사의 사장을 교체하고 나니 민영방송은 바람도 불기 전에 풀잎처럼 알아서 엎드렸다. 보수 언론인 조·중·동은 나팔수요, 방송까지 장악하고 있으니 MB 정권의 언론 장악은 언론 통제 역사의 새로운 교과서가 될 만큼 훌륭하다.

아울러 디지털 시대에는 신문, 방송 이외에도 인터넷의 영향력이 막강하다. 언론 장악은 인터넷 장악으로 완성된다. MB 정권은 인터넷 댓글 감시 기능을 공식, 비공식적으로 강화했다. 인터넷 논객인 미네르바를 구속시킨 것은 인터넷에 재갈을 물리고 언론 전체를 장악하려는 욕구가 얼마나 지대했는지를 보여주는 대목이다.

괴벨스의 말이다. "언론은 정부의 손안에 있는 피아노가 되어 정부가 연주해야 한다." 어쩌면 MB 정부의 언론관과 이렇게 판에 박은 듯이 똑같을 수 있단 말인가, 64년의 세월을 뛰어넘어서 말이다.

독재 정권이라고 단정할 수 있는 또 다른 규정은 반대자나 비판자를 체포하거나 체포하겠다며 위협하는 것이다. 지난 대선 시기에 후보자 검증을 위해 'BBK 검증'에 나선 국회의원들을 기소하고 유죄를 확정짓기도 했다. 나와 김현미 17대 국회의원을 기소하고 유죄를 확정했다. 민주당 김민석 최고의원을 구속하고, 김재윤 의원도 구속하겠다고 으름장을 놓았다. 야당 의원들은 조금만 소리를 높여도 기소하겠다고 한다.

야당 의원들뿐만이 아니다. 2008년 소고기 수입에 반대하는 촛불 시민들을 대대적으로 수사하고 구속했다. 심지어 유모차를 끌고 나온 엄마들도 조사했다. 야당도 위축되고 국민도 점차 숨죽인다. 이런 와중에 인터넷 댓글은 끊임없이 검열의 공포에 떤다. 전 국민을 잠재적 범죄자로 몰고 감시할 수 있는 MB 악법은 이 때 등장한다.

위협하면 위축된다. 미네르바를 구속하자 해외 사이트로 글쓰기를 옮겨 가는 '인터넷 망명객'이 생겼다. 아울러 민주사회에서 듣도 보도 못한 글 쓰는 자 스스로 '자기 검열' 기능을 행할 정도로 위축되었던 것이 MB 정권 아래의 인터넷 풍속도이다.

시위를 금지하는 것도 현 MB 정권의 특징인데 이것이 독재 정권을 규정하는 또 하나의 잣대이다. 집회 시위의 자유는 민주주의의 꽃이다. 하지만 독재 정권은 국민이 모여 비판하는 것 자체를 받아들이지 못한다. 그래서 집회 시위를 허용하지 않을 뿐 아니라 이를 금지하는 각종 편법을 동원한다. 금지하기 위한 편법을 쓰기 위해 또 다른 'MB 악법'도 등장한다. 시위할 때 자신의 얼굴만 가려도 처벌하겠다는 것은 시위를 원천적으로 봉쇄하겠다는 것이다. '마스크 처벌법'이 바로 이 법안이다.

독재 정권의 정권 유지를 위한 마지막 방식이 무장 군인을 배치하는 것이다. 하지만 무장 군인의 배치는 독재의 고전적 전형이고 현대 정치에서는 무력 통치가 공안 통치라는 변형된 형태로 나타난다. 이런 공안 통치 정권은 꼭 법과 질서를 강조한다. 검찰, 경찰, 안기부가 한 묶음으로 묶이는 공안 통치는 군부를 앞세운 통치보다도 훨씬 더 강도 높고 위협적이다.

이를 물리적으로 뒷받침하기 위해 MB 정권은 정권 내내 법무부 장관, 검찰총장, 국정원장, 경찰총장 자리에 자신들의 측근 세력을 임명하기 위해 피나는 노력을 해왔고 또 그렇게 했다. 야당의 반대를 무릅쓰고 TK(대구, 경북)와 고려대 출신들을 공안 통치기관의 책임자로 임명한 것은 마지막까지 물리력을 동원해 정권을 유지하겠다는 것을 증명하는 대목이다.

합법과 불법은 나치가 자주 사용한 논법이었다. 이들이 수시로 들먹인 것이 바로 법과 질서의 회복이었다. MB 정부도 법과 질서의 회복을 끊임없이 강조해왔다. 공안 통치 정국의 중심을 차지하는 검찰의 기세는 무섭다. 이들의 전가의 보도는 '허위 사실 유포'를 엄단하겠다는 것이다.

히틀러의 선전장관 괴벨스가 협박한다.

"나에게 한 문장을 달라. 누구든 범죄자로 만들 수 있다."

서슬 퍼런 공안 통치의 모습이 오버랩된다. "한마디만 해라. 누구든 허위 사실 유포로 가둬버리겠다"는 것이 히틀러 시대의 그것과 다르게 느껴지지 않는다. 독재 정권은 그 통치 과정에서 이렇듯 확연한 족적과 흔적을 남긴다. 이 정권이 독재 정권인지 아닌지는 역사적으로 입증된 독재 교과서의 각 다섯 개 장을 대비해보면 정확하게 알 수 있다.

아울러 재미있는 사실을 발견하게 된다. 히틀러 몰락의 순간까지 독일의 대자본가들은 히틀러를 철저하게 지지했다. 히틀러는 국민을 편 가르는 데 능했다. 그리고 자신을 지지하는 세력만 바라보는 통치를 해나갔다. MB 정권도 편 가르기에는 달인의 경지에 올랐다.

편 가르기와 재벌 위주의 정책은 현 정권에서 나타나는 일시적인 현상이 아니다. 역사적으로 보면 독재자들이 즐겨 찾던 사용설명서이다. 우연으로 보기에는 기막히게 일치하는 면이 많다는 생각이

3. 정봉주의 熱

든다.

마지막으로 MB 정권이 등장하면서, 그리고 이 집권 시기를 바라보면서 드는 생각이 있다.

민주주의를 지켜왔던 사람들이 공통으로 착각하는 것이 '민주주의는 쉽게 무너지지 않는다'는 믿음이다. 하지만 역사상 탄압에 가장 취약하고 쉽게 무너지는 제도가 민주주의였다. 독재 권력의 강력한 탄압을 받게 되면 직접적인 피해자가 아닌 사람들은 침묵하거나 무관심으로 일관하고, 독재자를 지지하는 쪽으로 선회한다. 무관심과 외면 속에 민주주의는 무너지게 되는 것이다.

히틀러가 집권하던 당시, 신학자인 마르틴 니묄러의 말을 반면교사로 삼자.

나치는 우선 공산당을 숙청했다. 나는 공산당이 아니었으므로 침묵했다.

그다음엔 유대인을 숙청했다. 나는 유대인이 아니었으므로 침묵했다.

그다음엔 노동조합원을 숙청했다. 나는 조합원이 아니었으므로 침묵했다.

그다음엔 가톨릭교도를 숙청했다. 나는 개신교도였으므로 침묵했다.

그다음엔 나에게로 왔다.

그 순간에 이르자 나서줄 사람이 아무도 남아 있지 않았다.

정권의 성격도 보았다. 침묵과 무관심의 무서움도 보았다. 그런 우리 국민에게 남은 것은…… 일어나고 깨어나라.

3. 정봉주의 熱

주인공 정치

국민 참여를 봉쇄하라

정당정치가 위기에 빠져들고 있다. 정당 밖에 있는 인물들, 정치와는 담을 쌓고 있던 인물들에게 국민의 관심이 쏟아지고 있는 것이다. 국민은 이들에게 무한 열광하고 있다. 단순히 열광하는 것에 그치지 않고 이러한 인물이 정당정치를 뛰어넘고 있다.

2011년 10월 3일에 있었던 서울시장 후보 야권 단일화 과정에서 박원순이 박영선 민주당 후보를 제친 것이 이런 현상을 보여준다. 정치에 혁명이 일고 있다. 정당정치를 부정하는 시대가 오고 있는 것이다. 이렇게 정당정치 부정, 정치 현실 전반에 대한 철저한 부정은 정치인 스스로 조장한 것으로 보는 것이 맞다.

정치 부정은 정치에 대한 냉소주의, 무관심, 정치에 관심을 가져
봐야 달라지는 것이 아무것도 없다는 패배주의에서 비롯된 것이다.
이런 냉소적 무관심은 자연스럽게 이루어진 것이 아니라 목적을 가
지고 의식적으로 조장된 인위적 상황이다. 이런 현상은 결국 정치
권 스스로 자초한 결과이다.

정치적 무관심은 여러 정파의 정치인들이 입장은 달리 해도 묘하
게 일치된 이해 속에 조장한 결과물이다. 보수주의 집단과 정당은
수십 년간 통치해온 자신들만의 스타일로 정치와 권력을 유지한다.
국민과 소통하고 참여하는 정치가 아닌, 지시하고 명령하는 정치
가 이들이 축적해온 정치 기술이다. 그리고 이런 정치는 광범위하
고 미세하게 잘 짜인 조직에 의해 가능하다. 자신들과 동일한 가치
를 가지고 있는 일정 비율의 국민, 그리고 이러한 가치 연결을 가능
하게 하는 집단들이 여기 속한다. 지역의 동, 읍, 면 등에 있는 각종
직능 단체 조직들이 이들 보수주의 정치 세력들의 중심 지지 기반
이다. 수십 년간 정권을 유지하면서 국민을 조직화해온 것이고 이
런 조직들이 이들의 정치 기반이다.
보수주의적 정파는 선거 때만 되면 국민의 참여가 저조하기를,
투표율이 낮아지기를 기대한다. 현대 민주주의의 대표적 특징이 참
여 민주주의인데 역설적이게도 이들은 국민 다수의 참여를 두려워
한다.
이들은 나아가 국민의 참여를 외면하고 정치적 무관심을 유도한

다. 이유는 다수의 참여와 무관하게 자신들을 지지하는 집단들은 오랜 세월 동안 닦아온 관행대로 강력한 투표 참여 성향을 보이기 때문이다.

'국민 다수는 정치를 외면하면서 선거에 불참하고 오직 보수주의 성향의 지지자들만 적극적으로 참여하는 정치의 틀'을 요구하는 것이다. 그런 틀의 유지는 '정치적 무관심'을 유도해야 비로소 가능해진다.

보수주의 정파가 집권을 하면서 가장 큰 혜택을 받는 집단은 보수 언론이다. 단순히 언론을 넘어선 이들은 가장 강력한 권력을 손에 거머쥐었다. 경제적, 정치적 이해를 갖는 권력으로 이들의 위상은 높아졌다. 이들의 존립 기반은 철저한 보수 세력의 집권이다.

진보적 성향의 정권이 들어서면 자신들의 이해와 정면으로 충돌하기 때문에 이들은 보수 정당이 집권할 수 있도록 중요한 역할을 자임한다. 언론이라는 강력한 무기를 기반으로 여론을 형성하는 것이 이들의 역할이다. 이들 보수 언론이 보수 정권의 이념적 수단이 됨과 동시에 무기가 되는 것이다.

이들 언론의 역할은 무시무시하다. 정치를 여러 각도로 조명한다. 정치적 현상을 심층적으로 파헤친다. 깨끗한 정치, 올바른 정치를 지향하는 듯한 보수 언론의 태도는 위선이고 거짓이다. 정치권에 대한 이들의 보도 목표는 지극히 단순 명료하다. 정치는 부패하고 무능하며, 정치인들은 자신들의 욕망에 사로잡혀 늘 이해관계로 다투며 싸우는 집단일 뿐이다. 그 이상도 이하도 아니다.

그러면서 자연스럽게 나오는 결론은 정치권에 대한 불신이다. 이들의 뚜렷한 목적이 있는 의도로 조성되고 조직화된 인식이다. 자연스럽게 국민은 정치권을 불신한다. 정치적 무관심이 조성되는 것이다. 결국 이들이 의도하는 대로 착착 맞아떨어진다.

정치에 무관심해도 반드시 투표에 참여하는 적극적 보수주의 성향의 투표권자 20~25퍼센트의 지지자들만 안고 가면 자신들의 권력과 이해관계를 계속 유지할 수 있기 때문에 정치적 무관심과 냉소주의는 그 배후에 조직화된 의도가 숨어 있다는 것이다.

부패한 정치는 무관심이란 환경 속에 냉소주의란 옷을 입고 투표 불참이란 음식을 먹고 서식한다. 부패한 정치인, 부패하고자 하는 정치인에게 가장 훌륭한 서식 환경은 무관심이다.

선거 때 적당한 환심과 그럴듯한 관심만 유도해 적절하게 투표하게끔 하는 것으로 국민과의 대화와 소통은 끝이 난다. 그다음에는 관심이 부담스럽다. 관심은 감독이고 견제다. 부패할 환경적 여지가 없다. 부패정치는 무관심, 냉소주의를 절대 조건으로 요구한다.

이들 3자가 공범으로 참여해 기획한 사기극이 바로 정치 냉소주의다. 정치 냉소주의는 무관심이다. 투표 불참이다. 그리고 한발 더 나아가 투표에 불참한 자신의 행위를 자랑스레 얘기한다. 더러워서, 다 해 처먹으라고. 결과는 재벌과 극소수 부유층만의 이익을 대변하는 보수 정권의 '마르고 닳도록' 집권이다. 정경유착과 정치 부패이다. 그 결과 국민만 피해를 본다. 의도를 간파하지 못한 채 냉소하고 무관심했던, 자신이 선택한 행동에 대한 대가를 톡톡히 치르게 되는 것이다.

SNS가 연 새 정치의 힘

무바라크, 시위 시작 18일 만에 퇴진!

　30년 철권통치에 신음하던 이집트를 일깨운 것은 이웃 나라 튀니지의 독재 축출이었다. 혁명의 시발점이 되었던 튀니지의 SNS 이용자는 고작 20만 명 정도로 주로 유럽에 머물렀다. 이 적은 수에 불과한 SNS 개인 미디어 그룹들이 튀니지 철권통치를 붕괴시켰다. 그리고 그 불길이 40~50년 철권통치의 아랍 독재자들을 차례로 무너뜨렸다. 개인 미디어의 힘이 정치를 바꿔놓기 시작한 것이다.

　정치 상황이 급속도로 변해가고 있다. 개인 미디어 시대가 느닷없이 도래한 것이다. 기존 언론보다 더 빠르고, 더 정확한 개인 미디어, 즉 SNS 시대가 열린 것이다. 2011년에 전 세계를 강타한 아랍 발 재스민 혁명의 도구는 의식화된 혁명 세력도, 무장된 군사력도 아닌 스마트폰으로 연결된 SNS였다. 이제 SNS는 그 무엇보다

　　　　　　　　　　　　　　　　　　　　달려라 **정봉주**

강한 권력자로 등장하게 되었다.

IT 최강국 대한민국에서 정치에 SNS가 본격 등장한 때는 2011년 강원도와 분당의 4·27 재보궐선거 시점이었다. 오프라인에서 이루어지는 전통적인 정치에 SNS가 자발적으로 등장한 것이다. 자신들만의 주장과 지지 성향을 밝히는 것만으로도 정책이 되고 정치가 되었다. 특히 SNS 영역에서는 선거구를 구분할 필요가 없어졌다.

군이 오프라인에서처럼 이쪽저쪽으로 뛰어다닐 필요 없이 강원도 최문순 지지자는 SNS로 들어오면 자연스레 분당의 손학규 지지자가 되었고 분당의 지지자도 마찬가지로 강원도 최문순의 지지자가 됐다. 자신의 한 줄 멘트가 정치의 전면으로 등장하면서 정책이 되고 구호가 되는 현상을, 개인 미디어들은 느끼기 시작했다.

SNS가 이끈 것은 단순한 참여만이 아니다. 견제와 감시의 정치로까지 발전했다. 투표 참여 독려와 불참 견제다. 투표에 참여하고 인증사진을 올리는 개인 미디어의 새로운 장이 생긴 것이다.

정치적 무관심과 냉소주의가 정치권과 보수 언론에서 의도적으로 기획된 것이고 그 피해자 역시 온전히 국민이라고 한다면 이것들을 깨뜨려야 국민이 산다. 방법은 관심과 참여다.

개인 미디어인 SNS가 국민이 정치에 관심을 기울이고 참여하는 길을 텄다. 단순 참여가 아니라 SNS에서 유통되는 정보의 양과 정확성, 속도는 보수 언론의 능력을 뛰어넘었다. 정확하고 올바른 판단의 정보를 반나절이나 하루 빠르게 접하는 새로운 미디어의 힘으로 참여 정치의 새로운 장을 열어나가기 시작한 것이다.

SNS는 이제 문화다. 21세기 사회 전체에 급격한 충격을 가하고 선도하는 변화의 문화다. SNS가 정치의 전면에 등장하면서 정치권에도 급격한 변화의 바람이 불고 있다. 지금까지의 정치는 상명하달식, 일방통행식이었다. 인터넷 혁명으로 쌍방향 관계로 발전됐다고 하지만 정치권에서의 그것은 아직 미완성 단계였다.

SNS 혁명이 이런 관계를 완전히 뛰어넘었다. SNS는 모든 사람을 주인공으로 만들었다. 타인의 행위와 정치적 결정에 반응하는 것보다 내가 한 이야기, 내가 펼친 주장에 대해 다른 청중들 나아가 70억 인구는 어떻게 반응하는가를 두고 기뻐하고 흥분하는 주인공의 입장으로 전환된 것이다. 이것은 정치 환경의 급격한 변화이다.

자신이 정치인이고 자기 스스로 정책을 결정하는 주체이자 주인공이 되었다는 것은 이제까지 청중 그리고 단순히 한 표를 행사하는 유권자에 불과했던 국민이 정책 결정의 주체가 되고 정치인과 동격이 되었다는 것을 의미한다.

국민 모두가 주인공인 정치 시대가 오고 있다. 아니 이미 왔다고 믿는다. 그 속도는 상상을 초월할 정도로 급격하다. 정치 환경이 변했고 국민이 변했다. 그들은 SNS로 무장하고 있다. 강력한 매체, 더 강력해진 주인공이 등장했고 이들이 이끄는 정치의 시대가 열린 것이다. 한발 더 나아가 이들은 정치를 근엄한 주제로 접근하지 않는다. 즐기면서 신나게 접근한다. SNS 세대에게 정치는 문화이고 놀이가 됐다.

이제 변화의 몫은 정치권, 정치인에게 있다. 여전히 자기 방어기제로 무관심을 유도하고 비판을 피하기 위해 권위주의라는 옷을 입고 있는 정치인이라면 이 시대 정치에서 도태될 것이다.

아직도 국민을 선거 때 표를 찍어주는 단순 역할로 여기고 청중으로만 인식하고 있다면 현 정치권에서 낙오될 각오를 해야 한다. 국민은 적극적 개인 미디어로 무장한 주인공으로 전환하기 시작한 지 오래이다. 모든 것을 내려놓고 관심을 유도하며 이들과 같은 지위, 같은 위치로 하루빨리 내려앉아야 한다. 그런 인식의 변화만이 정치를 변화시키고 변화된 정치 환경에서 살아남을 수 있다.

이제 국민은 정치하지 않은 결과, 정치에 무관심과 냉소주의로 일관해온 결과로부터 닥친 피해가 온전히 자신들에게 되돌아온다는 것을 알고 '정치하자'라고 선언하기 시작했다. 그 변화의 틀을 기존 정치권이나 정당들이 받아들이지 못해 정당정치의 위기가 초래됐다.

선언하고 참여하는, 그리고 강력한 주인공의 위치로 돌아온 이들과 함께 정치하고 새로운 세상을 열어가기 위해서는 정치인과 정

         3. 정봉주의 熱

당이 변해야 한다. 그래야 살아남는다. 참여를 두려워 말고 국민과 동등한 위치에서 주인공으로 받아들이고 함께 즐기는 정치를 하는 '주인공 정치'의 시대가 열렸음을 인정해야 한다.

민주당 VS 민주당

무소속에게 밀린 정당정치의 종말

가히 혁명적 변화가 정치권을 강타하고 있다. 2011년 서울시장 재보궐선거는 말 그대로 선거의 혁명이었다. '선거혁명'이 아니라 '선거의 혁명'이었다. 선거혁명은 선거를 통해서 무엇인가의 급격한 변화와 목표를 달성한 것이고, 선거의 혁명은 대단한 목표를 이룩한 것은 말할 것도 없고 선거 자체가 혁명적으로 변화했다는 것이다. 선거가 변했고 선거에 대한 판단, 정당에 대한 판단이 변했다.

한나라당은 안타깝게도 논의의 대상이 아니다. 문제는 MB 정권 들어 지속적으로 국민의 지지를 받아오던 민주당이 심각한 위기에 빠진 것이다. 존재 자체의 위기다. 서울시장 재보궐선거에서 민주당

3. 정봉주의 熱

> 민주당은 50년 역사와 전통을 가진 정당으로 정당정치의 상징이며 대의정치의 표상이다. 그런데 최근 민주당이 걸어온 길을 더듬어보면 민주당은 아이러니하게도 대의정치와 점차 거리를 두어왔다.

은 자기네 간판을 단 후보를 내지도 못했다. 한나라당으로부터 '붙임 정당'이라는 비아냥거림도 들었다.

정당 후보가 아닌 무소속 시민 후보가 나왔고, 경선에서 박영선이라는 결코 만만치 않은 민주당 후보를 이겼다. 그리고 나경원 한나라당 후보를 이기고 서울시장에 당선되었다. 이러한 현상을 보면서 대의정치의 위기, 정당정치의 몰락이라는 평가를 들었다.

4년간 거의 모든 재보궐선거에서 싹쓸이하다시피 하면서 국민의 지지를 받았던 민주당으로서는 충격적인 결과였다. 조직도 자금도 없는 시민 후보에게 지다니. 정당정치가 어디로 가야 하는지 혼돈의 연속이다.

분명 위기이다. 하지만 이 위기는 누구도 강요하지 않았고 누구도 조장하지 않았다. 민주당 스스로 자초한 측면이 강하다. 한나라당 몰락의 열매를 당연히 민주당이 가져갈 것이라는 안일한 정신 자세가 문제였다. 손 놓고 넋까지 놓고 있었다. 결국 정당 스스로 자초한 대의정치의 위기, 정당정치의 위기이기도 하다.

이번 선거 전까지 각종 재보궐선거에서 국민은 민주당을 선택하고 지지했다. 그러면서 덧붙였다. 민주당이 잘해서 그런 것이 아니고 한나라당이 싫어서, 대안이 없으니까 할 수 없이 찍었다고, 민주당이 잘하지 못하면 똑같은 심판을 면하지 못할 것이라고. 그것이 서울시장 재보궐선거에서 그대로 나타났다. 이번 선거로 민주당이 확인한 것도 있다. 국민은 민주당에게 최후통첩을 했다. '변하지 않으면 니들도 한나라당 짝 날 것'이라는 말을 냉엄한 표로 대신한 것이다.

민주당은 50년 역사와 전통을 가진 정당으로 정당정치의 상징이며 대의정치의 표상이다. 그런데 최근 민주당이 걸어온 길을 더듬어보면 민주당은 아이러니하게도 대의정치와 점차 거리를 두어왔다. 그 시작과 결과는 자명할 것인데도 말이다. 이러한 사실을 민주당만 모르는 것 같다. 아니, 일부러 외면하면서, 그저 이 정도 지지율에 안주하면서 즐기는 듯 보인다. 그렇다면 수권 정당으로서 자격도 가능성도 없는 것이다.

민주당이 국민과 거리를 두는 심각한 중증 현상이 나타난 것은 2007년 대선부터였던 것으로 보인다. 대선 경선 과정에서 나타난 모습은 크게 두 가지인데, 하나는 당의 후보를 선출할 때 국민의 의사를 반영하는 것에 인색했다는 것과 또 다른 하나는 철저하게 계파적 당 성향을 보이기 시작했다는 것이다.

정당에 있어서 당원은 대단히 중요하다. 그런데 민주당의 당원은 자발적으로 참여하는 당원이라기보다는 지인의 억지 권유로 가입한 비율이 높다. 대한민국 현실 정치에서 불가피한 측면이 없지는 않다. 그런데 이렇게 입당한 당원들이 자발적 참여와 적극적 의

지가 반영될 수 있도록 노력하기보다는 당 선거에서 '단순한 유권자'로서의 역할을 벗어나지 못하게 했다. 민주정치에서 가장 중요한 참여가 보장된 정당 문화가 뿌리내리지 못한 것이다. 이렇게 자발적 참여의 길이 권장되고 보장되지 않는 정당은 쉽게 노화된다. 지금 민주당을 보고 늙은 정당이라고 하는 이유가 여기에 있다.

민주당 부활 프로젝트

당 스스로 초래한 일이다. 당의 주인은 당원이라고 하면서 정작 이들에게 주인으로서의 역할을 할 기회가 없었다. 이것이 민주당의 위기를 가져온 가장 큰 이유 중 하나이다. 그리고 당원에 근거한 당내 '체육관 동원 선거'는 당원 수를 많이 확보하고 있는 정치인, 대의원 수를 많이 확보하고 있는 정치인이 더 위력을 발휘할 수밖에 없는 상황을 만들어왔다.

국민은 전혀 관심이 없는 자신들만의 리그, 각종 당내 선거는 국민의 관심이 비켜난 당원이나 대의원을 동원한 '체육관 선거'로 내달렸다. 국민은 점차 외면했고 민주당도 국민을 애써 외면했다. 민주당으로서도 국민의 눈에 비치는 스스로의 모습이 힘들었을 것이다.

또 하나 대의원이나 당원 확보가 자신들 정치력의 상징처럼 판단되는 정치 풍토에서는 정치인들끼리 품앗이와 합종연횡으로 자신들의 힘을 키워나간다는 점을 지적하고 싶다. 바로 계보, 계파 정치의 정착인데, 이것이 민주당의 위기를 만들어낸 또 다른 측면이기도 하다. 계파 정치는 단순히 민주당의 몰락만 가져오는 것이 아니라 정치 전반의 퇴행이고 몰락이다.

계보라는 우산 속으로 들어오지 않는 정치인은 생존할 수 없다. '왕따'가 학교에만 있는 게 아니다. 우수한 정치적 인재라고 할지라도 계보에 들어와 패거리를 만들거나 소두목에게 고개를 조아리면서 줄을 서지 않는 정치인은 미래도 없고 성장의 가능성도 없다.

우수 인재가 성장의 가능성을 박탈당하는 것은 정치의 퇴행을 초래한다. 동시에 계파 정치인들은 점차 천박한 패거리 정치를 해나가게 된다. 이런 정치가 지속되는 한 민주당의 주인 의식은 사라지고 자신의 이권에만 몰두하게 된다. 보수와 똑같이 되는 것이다.

상황이 이렇게 되면 당원의 참여도 별 의미가 없다. 무엇보다도 국민 관심은 필요 없을 뿐만 아니라 부담스럽기까지 하다. 끼리끼리 있으면 행복하고 작은 미래가 보장되기 때문이다. 그야말로 작은 미래. 이렇게 서서히 쪼그라든 것이 지금 민주당의 상황을 만들었다고 해도 과언이 아니다.

국민 관심을 유도하지 못하는 정당, 국민 참여의 방법을 찾지 못하는 정당, 자신들만의 리그에 안주하려는 정당은 각종 개인 미디어의 발달로 국민 대중의 적극적 참여가 권장되는 정치 상황에서는 역방향으로 나갈 수밖에 없다. 위기는 그래서 찾아온 것이다. 지난 서울시장 선거에서 나도 봉고차 동원하느라 엄청 고생했다. 현

  3. 정봉주의 **熱**

직도 아니고 전직 국회의원까지 나서서 이렇게 해야 하는 게 민주당이다. 이렇게 간다면 민주당의 앞날은 밝지 않다.

계보 정치, 체육관 선거 정치 풍토를 깨야 한다. 즉, 국민이 관심을 갖는, 국민의 참여를 보장하는 정당문화를 새롭게 만들지 못하면 단순히 위기 경고로 끝나지 않을 것이다. 참여를 보장할 수 있는 다양한 틀을 도입하고 개발해야 한다. 계보 정치도 깨야 한다. 당원 동원 정치 깨자고 말만 할 것이 아니고 이런 정치문화가 정착할 수 없는 풍토를 만들면 된다.

예를 들면 지금의 당원 구조는 긍정적 측면보다 부정적 측면이 많다. 당원의 역할은 당내 선거에서 단순 동원 이상도 이하도 아니다. 그리고 국민의 관심과도 괴리되어 있다. 그렇다면 현존하는 당원 제도의 긍정적 측면은 유지하되, 국민이 관심을 갖고 참여할 수 있는 방법을 도입해야 한다.

당에서 늘 주장하는 국민 참여 경선 방식을 당내 각종 경선과 선거에 적극 도입해야 한다. 단순히 참여하는 것이 아니고 이렇게 참여하는 것이 종국적으로는 국민의 관심과 참여를 보장하는 기초가 되는 것이다. 그래야만 당원 확보와 이에 근거한 계보정치의 폐해를 단번에 날려버릴 수 있다.

그리고 이렇게 참여하고자 하는 국민을 오프라인 체육관으로 끌어모으는 방식 또한 폐기해야 한다. 기껏 국민 참여의 틀을 만들어 놓고 체육관 동원 선거라는 구태를 반복할 필요가 없다. 모바일 투표 방식을 도입하자는 주장은 2007년 대선 때부터였다. 끊임없이 논란거리로만 만들지 말고 구태로 돌아가지 말아야 한다.

모바일 선거는 더 이상 새롭고 신선한 제안이 아니다. 이 제도의 도입을 꺼리는 것은 국민과 괴리된 정치를 하겠다는 고집일 뿐이다. 물 떠난 물고기가 어떻게 살 수 있단 말인가. 마찬가지로 국민을 떠난 정당이 어떻게 존재할 수 있는가.

민주당은 분명 위기를 맞고 있다. 하지만 민주당이 한국 정치에서 차지하고 있는 족적은, 대한민국의 민주화를 위해 기여한 그 역사적 발자취는 무시되거나 사장되어선 안 된다. 대의정치도 지켜야 하고 정당정치도 권장되어야 한다. 국민 참여가 보장된 더 진화되고 발달된 사회적 네트워크에서 국민과 함께 가고자 하는 방법과 제도를 도입한다면 민주당은 더 크고 더 확장된 모습으로 화려하게 부활할 것이다.

민주당이 부활하면 대한민국의 정치를 한 단계 더 진화시키는 토대가 될 것이다. 지난 세월 민주당의 역사는 대한민국 민주주의의 살아 있는 역사이고 또 다른 표현이라고 할 수 있기 때문이다. 민주당은 부활을 위해 낡은 정치문화를 깨는 아픈 시도를 해야 한다. 그 아픔이 정치 희망의 전조이다.

민주당이 많은 욕을 먹고 있다는 거 잘 안다. 그렇다고 민주당에 절망만 있는 것은 아니다. '바보'라고 욕하는 것도 잘 안다. 열매만 따 먹을 욕심만 부린다는 비판도 잘 안다. 그럼에도 우리 국민에게 민주당이 있기에 다시 설 여력이 있는 것이라고 믿는다. 그래야 이 정봉주가 다시 국회의원이 되어 활약하는 '꼴'을 볼 것 아닌가.

 달려라 정봉주

'간지' 진보

극빈층이 한나라당에 투표하는 까닭

'유혹할 수 없으면 구원할 수도 없다. 또, 욕망이 가치를 이긴다.' 정치 용어다. 정치학 교수가 읊어대는 것이 아니라 발로 뛰며 현장에서 터득한 이치다. 그러니 이치대로 한다면 진보는 백전백패, 절대로 보수를 이길 수 없다. 우리나라의 보수처럼 같잖은 보수여도 말이다. 아무튼, 보수라 치고.

진보와 보수를 가르는 고리타분하고 진부한 학문적 분석은 필요치 않다. 현실 정치에서 보수는 욕망에 호소하고 진보는 가치를 지향한다. 정치는 분명 가치여야 한다. 이게 상식이다. 하지만 도식이 변하지 않으면 가치에 대한 호소는 절대로 욕망충족욕구를 이길 수 없다. 이 도식을 깨야 한다. 진보가 이기는 구도로 가기 위해서는 진보가 먼저 변해야 한다. 자신들만 깨어 있다는 알량한 생각을 깨고 갇혀 있는 진보의 도그마도 깨고 낮은 자세로 임해야 산다. 진보가 살아야 국민 다수가 편해지고 행복해질 수 있다.

서민층이나 극빈층이 모여 사는 지역에서 한나라당 지지자가 대거 나오거나 선거에서 한나라당이 이기는 현상을 보면 도무지 이해할 수가 없다. 분명히 자신들의 삶이나 이해와 대치되는 정당인데, 그 당이 집권하는 상황이 온다면 분명 자신에게 불리한 정책이 펼쳐질 텐데 그럼에도 자신의 가치와 반대되는 정당, 자신의 삶에 도움을 주지 않을 것이 뻔한 정당에게 표를 던진다. 그것도 대충이 아니라 목숨 걸고 한다.

돌아가신 조상님 살아 돌아온 것처럼 목숨 걸고 지지하는 모습을 보면 정치는 가치 지향과는 확실히 거리가 있다는 판단을 하게된다. 극빈층, 저소득 계층, 서민층 지역에서 한나라당 지지가 많이 나오고 급기야는 이기기까지 하는 현상을 제대로 보는 것이 한국 정치를 이해하는 중요한 고리이다.

보수 진영은 국민 대중의 있는 그대로의 모습을 파악하는 데 뛰어난 능력을 보여준다. 정치 공학적인 측면에서의 통치술은 진보 진영보다 뛰어나다. 정치 가치 측면에서는 절대 열세이면서도 정치 공학적, 기술적 측면에서 더 나은 기량을 가지고 있다는 말이다. 오랜 통치 경험에서 오는 것도 있지만 중요한 것은 국민 대중을 바라보는 관점이다.

진보 진영은 대중을 바라볼 때 기본적으로 인간 존엄성과 가치를 우선적으로 판단한다. 끊임없이 존중과 존엄의 대상으로 바라본다. 반면에 보수 진영은 국민 대중을 통치의 대상으로 판단한다. 국민의 현실적인 수준, 욕구, 욕망, 그리고 이를 충족시키고자 하는 기대를 파악하고 이런 욕구를 통치하기 위한 기술로 정치를 대입시킨다. 그리고 그것이 정치의 본질이라고 보는 것이다.

더불어 보수 진영은 끊임없이 통치의 기술을 개발한다. 그 저변에는 대중의 욕망을 이해하면서 욕망 충족의 요건으로 통치하고자 하는 의도가 숨어 있다. 그것이 그들의 정치이다. 무엇보다도 국민의 욕망을 정확히 분석하는 것이 그들이 오랜 기간 통치의 권한을 잡아온 비결이다. 욕망은 본능이다. 그리고 그 욕망을 실현하고 충족시키고자 하는 것도 본능적 요구이다. 이를 잘 파악하고 있다는 것은 정치 공학적 통치 능력에서 뛰어나다는 의미이다.

반면에 앞서 언급했듯이 진보 진영은 인간에 대한 끝없는 존엄과 존경을 갖는다. 그것이 이들 정치의 시작이고 끝이다. 이들에게 욕망은 절제의 대상이다. 정치를 통해 자신들의 욕구, 욕망을 실현하려는 행위를 천박한 것으로 치부하기까지 한다.

  3. 정봉주의 熱

사회적 가치의 실현, 정의와 민주, 옳은 것에 대한 가치 지향의 사회적 분위기가 형성될 때는 이들의 정치적 가치가 평가를 받는다. 하지만 사회가 늘 그런 시기를 맞는 것이 아니다. 더욱이 그런 시기는 자주 오지 않는 것도 현실이다. 억압적이고 권위적인 사회에서 통제되고 억눌려 있다고 판단될 때는 이들의 가치 지향적 주장이 빛을 발휘한다. 하지만 일상의 사회는 늘 가치 지향적이지만은 않다는 것이 문제이다.

욕망과 욕구충족을 정치의 근간으로 보는 보수의 관점은 비판받아야 하지만 인간의 본능적 욕구와 욕망을 외면하는 진보 또한 무능하기는 마찬가지이다. 이런 면에서 볼 때 진보의 정치는 새롭게 변화해야 한다. 국민이 요구하는 욕망의 본질을 정확히 이해하고 이 욕망을 올바른 가치의 방향으로 이끌어야 한다. 이것이 진보에게 요구하는 새로운 정치의 형태일 것이다.

또한, 진보는 인간의 본능적 욕구를 어떻게 통제하고 어떻게 외면할 것인가를 고민하기보다 오히려 그것을 이해하고 그것을 정면으로 수용하고 받아들여야 한다. 그다음 그것에 근거해 이를 뛰어넘을 수 있는 가치적 측면과 결합시켜야 한다.

현실 정치에서 보면 사회적으로나 경제적으로 어느 정도 성공한 사람들이 보수 정당을 지지하는 것은 그곳에서 자신들의 현실적 욕구가 충족될 수 있을 것이라는 기대 때문이다. 극빈층, 소외 계층, 그리고 서민층에서 자신들의 이해와 배치되는 정책을 가진 보수 정당에 지지를 보내는 이유 역시 자신들이 닮고 싶어 하는, 자신들의 현실적 욕구의 롤 모델이 그곳에 있기 때문이다. 자신들이 닮고 싶어 하는 '워너비'를 보수 진영에서 찾을 수 있기 때문이다.

결국 자신들이 지지한 정당이 자신들의 이해에 반한다고 해도 그들처럼 될 수 있다는 환상 때문에, 이해가 배치되는데도 보수 정당을 지지하는 것이다. 자신들 욕망과 욕구의 종착점이 그곳이라고 보는 것이다. 이것이 욕망을 통치하고 욕망을 정치하는 보수의 본질이다.

이런 현상이 정치권에서 극명하게 나타난 것이 2007년 대선과 2008년 18대 총선이다. 국민은 돈 잘 버는 대통령, 자신들을 부자를 만들어줄 수 있는 대통령이란 환상을 좇아 MB를 지지했다. 다음 해 총선에서도 부동산 가치 상승으로 부자가 될 수 있다는 환상을 좇아 '뉴타운 개발' 공약을 내건 보수 정당을 지지했다. 그 정당이 표방하듯이 자신들 주택의 가격이 상승하고 부자가 될 수 있다는 욕망에 투표한 것이다. 그것이 실현 가능한지 아니면 올바른 가치를 가지고 있는지는 판단의 근거조차 아니었다. 오로지 욕망에 투표를 한 것이고 이를 잘 이해한 보수 정당이 압승을 거둘 수 있었던 것이다. 결국 욕망을 정치한 집단이 완승을 했다. 이때도 진보는 가치만 얘기했다. 현실적으로 욕망을 얘기할 수 없었기에.

욕망과 욕구의 실현을 천박한 것으로 외면하고 치부하기에는 사회도 변했고 사람도 변했다. 이를 정확히 알아채고 정치를 해야 한다. 이를 통치의 근간으로만 보게 되면 사회적 가치 실현은 없다. 사

         3. 정봉주의 熱

회의 발전은 없다는 말이다. 진보는 이제 욕망을 이해하고 이를 충족시키려 하는 근거 위에 사회적, 역사적, 민족적 가치라는 것을 더해야 한다. 그것이 역사 발전이고 사회적 가치의 상승이다. 그리고 인간 존엄에 의미를 부여하는 것이다.

칙칙함 벗고 '간지'나는 진보로

욕망을 통치하기 위해서는 진보의 사고방식과 행태가 혁명적 변화를 수용해야 한다. 멋진 진보, 폼 나는 가치, 사회적 롤 모델, 젊은 세대의 로망이라는 정상적이고도 본능적 욕구가 진보의 새로운 모습으로 장착되어야 한다. 이것이 글로벌스탠더드로서 새롭게 등장하는 진보의 모습이다.

칙칙하고 근엄한, 절제와 금욕을 요구하는 진보는 사회적 변화를 수용하기에는 너무 무겁다. 멋지고 경쾌한, 신나는 삶의 지향을 받아들이는 모습의 진보가 호소력이 있다. 서울대 조국 교수처럼 멋지게 생긴 진보도 필요하고, 문재인처럼 특전사 출신에 잘생긴 진보도 있어야 한다. 진보는 맨날 고생에 찌들고 그래서 얼굴에 경쾌함보다는 삶에 찌든 모습만 있으란 법 있는가.

그리고 시대의 요구에 부응해야 한다. 부자가 되기 위한, 폼 나고 멋지게 살고 싶은 욕망을 진보가 수용하고 받아들이면 보수 진영의 트레이드마크라고 했던 '욕망을 통치'한다는 영역도 더 이상 보수만의 독점 무대가 될 수 없을 것이다. 진보가 여기서 한발 더 나아가 공동체적 가치, 민주, 민족, 정의, 민중이라는 전통적 가치를 유지한다면 '가치 우월적 지위'를 유지하면서도 '욕망을 통제'할 수 있는 정치의 새로운 패러다임을 열어나갈 수 있다는 것이다. 진보 진영이 더욱 강화되고 업그레이드된 모습을 보여야 한다.

강남좌파, 강남진보란 말이 나왔을 때 사회가 환호한 이유가 여기에 있다. 강남은 성공의 상징이다. 좌파나 진보는 우리 사회에서 사상적으로 치부되긴 하지만 분배와 정의의 상징이기도 하다.

성공하되 부정적이고 일탈적 경로가 아닌 정상적이고 올바른 길을 걸어온 노력의 결과가 성공의 모습이 되는 것이다. 칭찬받고 존경받는 부자의 모습이다. 여기서 더 나아가 우리 사회의 아픈 곳을 외면하지 않고 함께하고자 하는 가치를 지향하고 실천적 참여의 모습을 보인다면 더욱더 존경받는 부자가 되는 것이다.

종부세 폐지에 반대하고 성공한 부자가 더 많은 세금을 내야 한다고 스스로 주장하는 부자가 진보의 새로운 모습이 될 수 있을 것이다. 진보의 모습이 그러하다면 사회적 롤 모델, 로망이 되는 것다. 부자가 되고픈, 멋진 큰 집에서 살고 싶은, 근사한 외제차를 타고 싶은 욕망을 천박한 것으로 치부하고 억제하지 말아야 한다. 그렇다면 국민 다수를 부정하는 것이다. 이를 받아들이면서 여기에 가치 지향적 삶을 강조한다면 진보는 성공의 길로 한 발짝 더 다가가게 될 것이다. 왜냐하면 인간의 기본적 욕구에 호소하는 것도 있겠지만 보수 진영의 고유 영역을 침탈한다는 측면에서도 승리하는 것이기 때문이다. 진보의 승리는 단순한 가치의 승리가 아니라 국민 삶의 승리이다. 미래를 담보한 승리이다.

진보를 대표한 패널이 TV 토론에서 더 깔끔하고 세련된 모습으로 토론에 임하면서 사회적 가치와 정의를 역설하는 모습을 본다면 국민은 진보의 새로운 매력을 느끼고 열광하게 될 것이다. 때문에 정봉주나 조국, 문재인처럼 잘생기고 말 잘하는 패널들의 참여가 더욱 활성화되어야 국민의 의식이 바뀔 수 있다고 생각한다.

봉도사가 다 말해주마 2012 대선

다 얻거나 다 잃거나 All or Nothing

2012년 대선은 진보, 보수 진영이 향후 각 진영의 운명을 결정지을 대회전이다. MB 정권 들어서는 사회 세력들의 감정과 갈등이 격해졌다. 보수 진영과 진보 진영이 번갈아 가며 집권을 할 수도 있고 집권을 하지 못할 경우 또 다음을 준비할 수도 있다는 사회 공동체적 판단을 하는 사회는 MB 정권 들어 붕괴되었다. 대립과 감정이 격화되었다. 적대적인 민족 간 감정 수준이다.

사회를 편 갈라 이들을 적대적으로 대립시켜 통치하고자 하는 방식을 채택한 결과이다. MB 정권은 사회를 편 갈라놓는 일에 익숙했다. 전통적으로 문제가 되었던 영남과 호남의 갈등 관계는 MB

정권 아래 벌어진 일에 비하면 문제도 아니다.

MB 정권이 편을 갈라놓은 사회는 병들었다. 기독교와 비기독교, 강남과 강북, 서울과 지방, 있는 사람과 없는 사람을 정권 내내 갈라놓았고 이들 사이의 대립은 격해지기만 했다. 보수와 진보 사이에도 격한 감정의 골이 팼다. 사회를 대립하게 만들어 통치하려던 것이 MB 정권의 철학처럼 느껴진다.

정치에서는 경쟁을 통해 우리 사회를 발전시키는, 관점은 다소 다르지만 정치적 주체들은 사상과 관계없이 사회 발전의 동반자라는 개념은 이번 정권 들어서 사라진 지 오래이다. 정치는 '죽느냐 사느냐의 문제'가 되어버렸다. MB 정치가 낳은 몰가치적 천민 통치의 산물이다. 그렇기에 다가오는 대통령 선거에서 패하는 진영은 그 진영의 몰락을 염두에 두고 경쟁해야 한다는 의식이 팽배해져 있다. 정치를 통한 경쟁이 아니라 2012년 대선은 'All or Nothing', 즉 다 얻거나 혹은 다 잃는 전쟁이다.

진보 진영이 다시 정권을 찾아오려면 우선 정책의 문제를 고려해야 하지만, 그건 일단 논외로 하자. 정권 탈환을 위해서는 정치 공학적인 구조적 문제가 중요하다고 생각하기 때문이다. 실제 정권을 찾아야 할 현실 정치 투쟁에서는 이 문제를 먼저 고려하는 것이 더욱 중요한 문제이다.

진보 진영은-엄밀하게는 반 한나라당 진영이다. 진보 진영이라고 하기에는 민주당의 성향상 이 설정에 동의하지 않는 사람이 많다.

　　　　　　　　　　　　　　　　　　　　　달려라 **정봉주**

하지만 편의상 진보 진영으로 말하는 것이 이해하기 쉬울 것이다-
크게 5개의 블록으로 나뉘어져 있다. 우선 민주당 진영이다. 반한
나라당 진영에서 가장 많은 지지층을 확보하고 있는데 상대적으로
젊은 층에서의 지지는 바닥을 칠 정도로 취약하다.

다음으로 민주노동당, 진보신당, 국민참여당은 하나의 진보 블
록을 형성하려고 노력하고 있다. 이들을 하나로 묶어서 볼 수 있다.
지지율은 다 합해야 5퍼센트 남짓이지만 적극적인 진보적 그룹의
지지를 받고 있으며 상대적으로 민주당보다는 젊은 층으로부터 좀
더 많은 지지를 받고 있다.

그다음 그룹이 문재인 이사장과 문성근 백만민란 대표 등이 참
여하는 '혁신과 통합'이 있다. 이는 정치 세력이라기보다는 혁신과
통합이라는 플랫폼을 제공하고 여러 정파, 정당이 하나로 모이자고
제안하는 그룹으로 보는 것이 더 정확하다. 자신들은 야권 단일 정
당으로 가는 길만 제공하겠다는 입장이다.

네 번째로 세력은 미미하지만 시민사회운동 진영이 있다. '혁신
과 통합' 측과 크게 다르지 않다. 야권 통합에 참여하겠다는 입장
인데 박원순 서울 시장이 당선되면서 힘을 받고 있는 그룹이다.

그리고 마지막 그룹이 안철수 전 서울대 융합과학기술대학원 원
장을 중심으로 한 세력이다. 조직적 세력은 거의 없다. 하지만 국민
의 전폭적인 지지를 받고 있으며 안철수 전 원장은 야권 후보 1순
위임은 물론 한나라당 박근혜와의 경쟁에서도 앞선다. 가장 강력
한 대선 후보 그룹이다.

이 그룹들을 보다 크게 들여다보자. 민주당-혁신과 통합-시민사회운동 세력은 비교적 가깝게 접근할 수 있다. 또 민주노동당-진보신당-국민참여당을 하나의 세력으로 볼 수 있고 마지막 안철수 그룹까지 야권은 크게 3개의 세력으로 파악할 수 있다.

이들 그룹 모두 총선에서 이해가 충돌하기 때문에 총선 시기에서의 단일 세력 형성 노력은 무척 어렵고 복잡하다. 전국 200여 개 지역구에서 거의 모두 다 이해가 충돌하기 때문이다. 하지만 대선은 오히려 단순하다. 단 한 명의 후보만 선출하면 될 뿐만 아니라 정권 교체를 위해 단일화해야 한다는 국민적 명령이 워낙 거세기 때문이다.

대선에서 정권을 교체하기 위해서는 반드시 고려해야 할 사항들이 있다.

우선 야권 단일화이다. 이것이 이루어지지 않으면 승산이 없다. 그런데 앞에서도 지적했듯이 대선에서 단일 후보를 내세우는 것은 오히려 총선보다 쉬운 문제이다. 후보 단일화-단일 정당이든 아니면 후보 단일화이든-는 총선보다 대선에서의 가능성이 높기 때문에 야권 단일화는 이루어진다고 보는 것이 맞을 것이다.

다음으로 고려할 사항은 20~30대 젊은 층의 지지를 획득하고 이들을 투표장으로 나오게 해야 한다는 것이다. 솔직히 말해서 현재 정당 그룹 쪽에서는 젊은 세대 층의 지지를 적극적으로 이끄는 후보가 없다. 그나마 국민참여당 유시민 대표가 젊은 지지층의 충성도는 높지만 지지율 자체가 너무 낮다. 확장될 가능성이 희박하다.

민주당 측도 사정이 딱하긴 마찬가지이다. 현재 후보군 중에서 젊은 세대의 지지를 받고 있는 후보가 전무한 실정이다. 대권 후보로 거론되는 분들도 경쟁력 있는 대선 후보가 없는 실정이다.

특단의 대책으로 경쟁력 있는 새로운 인물을 발굴해내지 않으면 당 차원에서 가능성 있는 대선 주자를 만들기 힘든 상황이다. 오히려 젊은 세대의 지지를 받고 있는 쪽은 정당 정치 밖에 존재한다.

현재로서는 문재인 노무현재단 이사장이 있고 안철수 전 원장, 두 사람을 꼽을 수 있을 것이다. 이들 잠재적 후보군이 어떤 형식으로든지 적극적으로 참여할 때 젊은 세대의 지지를 끌어모을 수 있을 것이다.

자신들이 직접 후보로 뛰든, 아니면 경선에 참여한 뒤 결정되는 다른 후보를 지지하든 간에 경선 레이스에 이들의 참여는 야권으로의 정권 교체를 위해서는 필수적 요인이다.

마지막으로 가장 중요한 것은 영남의 지지를 획득하는 것이다. 대한민국 대통령 선거에서 지역적 투표 성향은 가장 강력한 현실이다. 인정하고 싶지 않아도 인정할 수밖에 없는 슬픈 현실이다. 다시 말하면 가장 강력한 투표 결정 요인이라고 할 수 있다.

영남 지역 고유의 "우리가 남이가?"라고 하는 정서는 투표 때 가장 큰 위력을 발휘한다. 그래서 영남의 지지를 받는 것이 가장 중요하다. 대선 필승의 절대적 요건이다.

영남에 부는 젊은 바람

대구, 경북, 부산, 경남, 울산 등 5개 지역을 합한 영남 전체의 인구는 수도권을 제외한 제주, 호남, 충청, 강원 전체를 합한 인구보다도 많다. 특히 수도권에도 영남 출신이 압도적인 비율을 차지한다. 지역적 투표 성향이 결정적이라는 데 동의한다면 어떻게 영남의 지지를 획득할 것인가의 문제를 놓고 적극적으로 고민해야 한다.

그리고 이번 대선에서는 해외 동포들이 처음으로 투표권을 행사한다. 전 세계 유권자를 230여만 명 정도로 보고 있는데 이들의 출신 지역 역시도 국내의 양상으로 비추어 보면 영남 출신자들이 많을 것으로 추정된다.

특히 이들은 모국의 정치 상황에 익숙하지 않기 때문에 투표 결정 조건이 더 제한적일 수 있다. 즉 학연, 혈연, 지연이라는 지극히 제한적 요인이 투표를 결정한다고 보면 이들에게 출신 지역은 대단히 중요한 요소가 될 것이다. 국내에서 영남의 지지를 얻을 확실한 요인을 찾아낸다면 해외 유권자 중 영남인들의 지지를 얻기가 쉬워질 것이다.

'유권자의 출신 지역이 투표 성향을 결정짓는 중요한 변수가 될 것'이라는 점은 지난 몇 차례의 대선 결과를 분석해볼 때 더욱 설득력을 갖는다. 김대중 대통령이 당선될 때는 영남 전체에서 13퍼센트의 득표를 했다. DJ-JP 연합도 영향을 미쳤겠지만 당시 이인제 후보가 가져간 500만에 가까운 표도 많은 영향을 미쳤다. 하지만 노무현 대통령이 당선될 때 노 대통령은 영남에서 김대중 대통령에 비해 2배 이상의 득표를 했다. 노 대통령의 영남 전체 득표율은 25퍼센트로 김대중 대통령 시절보다 2배 가까이 상승한 것이다.

지금은 상황이 더 좋아졌다. 노무현 대통령 서거 이후 영남 전체 지역이 반으로 나뉘고 있다는 분석이 나오고 있다. 부산, 경남, 울산 지역에서는 반한나라당, 즉 야당 지지세가 눈에 띄게 커진 것이다. 이 같은 현상은 2010년 6월 지방선거에서 그대로 나타났다.

경남지사 투표에서 무소속 김두관 당시 후보가 유효 득표의 54퍼센트를 얻어 당선됐다. 기적이 일어난 것이지만 정치 환경의 변화를 살펴볼 수 있는 대목이다. 부산에서도 비록 떨어지기는 했지만 김정길 후보가 45퍼센트를 득표했다. 과거 정치 상황과 비교해보면 엄청난 변화가 일어난 것이다.

야당의 무덤이었던 영남에서도 지지율을 대폭 끌어올릴 수 있는 가능성이 보이기 시작한 것이다. 다행히 야권에서 거론되고 있는 주자 중 문재인, 안철수 모두 부산이나 경남 출신이다. 이들이 주자가 되든 아니면 대선 레이스에 참여해 영남의 관심을 끌어모으는 페이스메이커가 되든, 적극적으로 참여한다면 대선의 지형이 급격하게 바뀔 수 있다. 엄청난 지각 변동이 오는 것이다. 그렇게만 된다면 박근혜 전 대표의 텃밭인 대구, 경북 지역에서조차도 젊은 세대를 중심으로 변화의 바람을 불러일으킬 수 있다.

이번 대선에서의 정권 교체는 절실하다. MB와 한나라당이 자초한 결과이다. 절체절명의 기회이다. 결론부터 말하자면 이번에는 가능성이 그 어느 때보다 높다. 특히 한나라당 후보는 박근혜 전 대표로 결정된 듯한 형국이다. 이미 정해진 상황이라 누가 대통령 후보가 될 것인지 흥행 요소가 별로 없다. 오히려 박 전 대표를 깎아내리려는 한나라당 입장에서 보면 '자해적 경선'만이 남아 있을 뿐이다.

반면 야권은 단일화가 이루어질지, 그렇다면 후보는 기성 정치권에서 나올지, 아니면 비정치권의 신흥 인물군에서 나올지, 이도 저도 아니면 제3의 인물이 급격하게 부상할지 흥미진진한 요소로 가득하다. 바꿔 말하면 이번 대선의 야권 경선의 흥행은 엄청날 것이다.

앞에서 지적했듯이 야권 단일화, 젊은 세대의 지지, 영남의 지지 등 세 가지 요소는 대선에서 승리할 수 있는 필승의 요건이다. 더구나 모두 실현 가능하다. 이 모든 것이 다 잘 성사된다면 역사의 수레바퀴를 거꾸로 돌려놓은 야만의 5년을 확실하게 되갚을 기회, 정권 교체의 기회가 오게 되는 것이다.

議長

4부

정봉주의

快

쾌

MB 정권의 성격을 가장 완벽하게 보여준 사건이 BBK이다. 수많은 증거에도 BBK와 절대 관련 없음을 줄기차게 외친 '가카'. 서민들에게 피눈물을 흘리게 한 저축은행비리사건부터 엄청난 홍보에 열중했으나 잠깐의 열풍이 지나가면 어김없이 뻥튀기였다는 사실이 드러나는 자원 외교까지. 꼼수와 부조리의 환상적인 하모니. 대한민국의 슬픈 자화상.

국가지도자는 반드시 검증받아야 한다

BBK는 이명박 정권의 아킬레스건이자 정권의 성격을 규정하는 사건이다. 법적으로 끝난 것처럼 보이지만 여전히 진행형이다.

국가를 지도하는 최고 통치자는 무엇보다도 도덕적으로 깨끗하고 어떠한 잣대를 들이대더라도 문제가 없어야 한다. 그래야 국가와 사회가 정직하고 투명해진다.

이런 대명제에도 국가지도자가 자본주의의 가장 추악한 범죄인 주가조작, 횡령사건 등에 얽혀 있는 BBK 사건에서 이름이 오르내린다는 것은 그 자체로 문제다. BBK 때문에 얼마나 많은 사람들이 피눈물을 흘렸는가. 아니 삶이 절단 난 피해자도 적지 않다. 검찰수사에서 수백 번 '관련 없음'이라는 결과를 발표해도 관련 자료가 끊임없이 튀어나온다.

BBK 사건은 오랜 시간이 지난 데다 무척 복잡하기까지 하다. 국민들이 쉽게 이해하고 다가서기 힘들 수 있다. 때문에 최대한 단순화 시켜 쟁점만 파고들어야 한다. 쟁점은 LKe뱅크와 BBK가 실제로 같은 회사인지 아닌지이다. 만일 LKe뱅크와 BBK가 실제로 같은 회사라는 것이 드러나면 BBK 사건은 그 즉시 해결된다.

이렇게 단순한 사건임에도 결론을 낼 수 없었던 이유는 상식이 통하지 않는 야만의 시대에는 어떤 결정적 자료라도 그 힘을 발휘할 수 없기 때문이다.

최후진술

아래는 내가 2008년 BBK 최종 판결을 앞두고 법정에서 마지막 심경을 말한 내용이다. 미리 작성해서 읽어 내려간 것이 아니고 몇 개의 메모에 근거해 진술했던 것을 녹음해 두었다가 그걸 다시 풀어서 썼다.

존경하는 재판장님!

지난 2개월간 BBK와 관련되어 재판을 받으면서 참으로 가슴이 답답했습니다.

이 재판은 불행한 재판입니다.

헌법에 보장된 표현의 자유를 법정으로 가져온 것 자체가 불행한 일입니다. 국민의 명령을 받는, 국민의 대의기관이며 헌법기관인 국회의원의 정상적인 정치 활동을 법으로 판단하기 위해 이 법정으로 가져온 것 자체가 불행한 일인 것입니다.

답답하긴 하지만 제 심경을 밝히고자 합니다.

전 인류를 불행하게 만들고 있는 쓰촨성 대지진이 났을 때 저는 개인적으로 교육에 관심이 많아 학교 현장 기사를 보았습니다. 7층짜리 학교 건물의 무너진 잔해가 겨우 2미터밖에 쌓이지 않을 정도로 폭삭 무너졌다고 합니다. 안에 있던 학생들 모두가 몰살된 것은 말할 것도 없었습니다. 다른 상업 건물은 기운 것도 있었지만 학교 건물은 거의 모두 폭삭 무너졌습니다.

무너진 건물에서는 철근을 찾아보기가 힘들었습니다. 피해를 당한 학생들의 엄마 아빠는 통곡을 하며, 학교 관리들이 공사비를 떼먹고 철근을 거의 쓰지 않았기 때문에 결과적으로 대형 참사를 가져왔다고 울부짖고 있었습니다. 대부분의 학교 건물들이 대체로 똑같은 모습이었습니다. 관리들의 부패와 부정, 돈을 떼먹은 부정이 꽃 같은 어린아이들의 목숨을 모두 다 앗아간 것과 다름없습니다.

사회가 투명해야 하고 국가 관리와 지도자는 정직해야 한다, 도덕적으로 흠결이 없어야 한다는 필요성을 절실하게 보여준 대목입니다. 국가와 사회가 투명하기 위해서는 무엇보다도 국가를 지도하는 최고 통치자가 도덕적으로 깨끗해야 하고 어떠한 잣대를 들이대더라도 문제가 없어야 합니다. 그래야 국가 사회가 정직하고 투명해지는 것입니다.

결국 국가의 최고 지도자를 뽑을 때는 무엇보다도 중요한 잣대가 바로 도덕성이어야 한다는 것입니다. 대통령을 뽑을 때 도덕성을 철저하게 검증해야 하는 필요성이 바로 이 때문입니다.

BBK 사건은 바로 이렇게 시작한 것입니다.

검찰의 주장대로 있지도 않은 사실을 갖고 한나라당 이명박 후보를 낙마시키기 위해 네거티브 캠페인을 한 것이 아닙니다. BBK는 모두가 다 알고 있듯이 자본주의 사회에서 가장 죄질이 나쁜 추악한 범죄로 취급되고 있는 주가조작, 횡령 사기 사건입니다. 이 BBK에 당시 이명박 대통령 후보가 연루되었을 가능성이 있다는 의혹이 강하게 제기되었습니다. 주가조작과 횡령사건의 중심에 있던 BBK와 관련해서는 대통령 후보가 적어도 동업자이거나 아니면 실질적 소유자였을 것이라고 하는 의혹을 국민 대다수가 갖고 있었습니다.

대통령 후보가 이 문제에 연루되어 있다면 도덕성에 큰 문제가 있는 것입니다. 이를 검증해야 한다는 것이 당시 국민의 요구였습니다. 그리고 사회적으로 많은 의혹도 제기됐습니다. 하지만 이 의혹은 저나 제가 속한 당에서 먼저 제기한 것이 아니었습니다. 한나라당내에서 대통령 후보 경선 과정에서 이미 수많은 의혹이 쏟아져 나왔습니다. 그리고 중요한 것은 국민 대다수가, 적어도 과반수가 이런 의혹에 동의하고 공감대를 형성하고 있었다는 사실이었습니다.

대통령 후보의 도덕성 검증이 요구되고 있었고 검증할 필요성이 절실했습니다. 민주주의 국가에서, 대통령 선거 시기에, 특히 국가의 운명을 결정지을 후보자의 검증 문제에 직면했을 때 가장 요구되고 보장되어야 하는 것은 표현의 자유입니다. 철저하게 요구되고 지켜져야 하는 것이 국민의 표현의 자유입니다.

국민을 대표하는 국회의원은 표현의 자유를 뛰어넘는 그 이상의 의무를 지고 있습니다. 표현의 의무를 지고 있는 것입니다. 국회의원의 가장 기본적인 임무는 국민이 대통령 후보를 검증해야 한다고 명령할 때 도덕성에 대해서 믿지 못할 그 무엇인가가 있다고 할 때 국민의 뜨거운 심장과 절실한 입을 대신해야 하는 것입니다.

국민이 명령할 때 침묵하고 있으면 그것은 국민의 대표가 아닙니다. 국민이 의혹을 갖고 있을 때 그 의혹을 풀기 위해 모든 책임을 지면서 문제 제기를 하지 않으면 국회의원이 아닙니다.

저는 이런 국민의 요구가 있을 때 국회의원으로서의 최소한의 책무를 지키기 위해, 대통령 후보의 도덕적 검증을 위해, 국민의 명령에 복종하기 위해 최선을 다하려고 노력했습니다.

검찰이 주장하듯이 있지도 않은 사실을 갖고 검증이라는 핑계로 한나라당 이명박 후보를 비방할 목적을 갖고 있었다면 국회의원으로서 책임을 면할 수 있는 다른 방법을 택했을 겁니다. 국회 본회의장에서의 발언과 상임위에서의 발언은 책임을 면할 수 있는 면책특권의 범위 안에 있습니다.

저는 이러한 특권을 포기하고 기자회견이라는 방법을 택했습니다. 기자회견을 하면 제가 하는 발언에 대해 무한 책임을 져야 합니다. 기자회견을 택한 것은 검증의 책임성을 지켜야 한다는 의무와 책임감도 있었지만 무엇보다도 근거 없는 허위 사실 날조라고 하는 정치적 공방에 대해 책임을 지겠다는 각오가 우선되었기 때문입니다.

저는 어떠한 주장 하나도 추론이나 추측으로 판단하지 않았습니다. 의혹을 제기하고 검증이 요구되는 대목마다 저는 "자료와 근거로써 말한다"라고 주장했습니다. 절대로 허위 사실로 당시의 상황을 각색하려 하지 않았습니다. 국민, 유권자들의 판단을 흩뜨리려 하지 않았습니다.

이런 판단 때문에 결국 이렇게 법정에 섰지만 저는 결코 후회하지 않습니다. 최악의 경우 정치생명이 영원히 끊어질 수도 있다는 위험을 감내하면서까지 제가 면책특권을 사용하지 않았던 것은 바로 제 주장에 대한 책임감 때문이었습니다.

검찰이 허위 사실을 유포했다며 기소한 제 주장의 어떠한 내용을 보더라도 믿을 만한 자료에 근거하지 않은 내용은 하나도 없습니다. 검찰이 철저한 수사를 했다고 발표했고 특검조차도 BBK에

   4. 정봉주의 快

국회의원 정봉주를 기소한 것이 아니라 바로 대한민국의 보통 사람들이 갖고 있는 건전한 상식을 기소한 것과 다름없기 때문입니다.

대해서는 이명박 당시 후보와 관련이 없다고 발표했지만 건전한 상식을 갖고 있는 평범한 대한민국 국민 과반수가 BBK는 부실 수사였다고 믿고 있습니다. 국민 반 이상이 검찰 수사는 말할 것도 없고 특검의 수사조차도 믿을 수 없다고 합니다.

하지만 국민의 상식에 기초해 국민을 대변해서 문제를 제기하고 의혹을 제기한 저를 검찰은 일말의 주저함도 없이 기소했습니다. 이것은 대단히 중요한 의미를 갖고 있습니다. 왜냐하면 국회의원 정봉주를 기소한 것이 아니라 바로 대한민국의 보통 사람들이 갖고 있는 건전한 상식을 기소한 것과 다름없기 때문입니다.

검찰은 제가 허위 사실을 유포했기 때문에 국민의 불신이 커졌다고 생각하고 있는 것 같습니다. 검찰은 제가 자신들을 불신 집단으로 만들었다고 분노하고 있는 것 같습니다. 근거도 없이 검찰의 수사 결과를 매도하고 있다고 생각한 것 같습니다.

검찰은 자신들의 권위에 도전한 저에게 분노하고 있고 그에 대한 분풀이로 기소를 한 것 같습니다. 보복하기 위해 기소했다는 의혹을 지울 수 없습니다.

하지만 검찰은 몇 가지 사실을 놓치고 있습니다.

첫째, 국민은 이 문제와 관련해서 검찰을 신뢰하지 않고 있습니다. 제가 문제 제기하기 이전에 이미 국민 대다수는 검찰의 발표를 믿지 않았습니다. 저는 국민의 이런 불신과 의혹을 대신해 이들의 입장을 대변했을 뿐입니다.

둘째, 국민의 대의기관인 국회의원을, 지극히 정상적인 정치 활동에도 불구하고 기소한다는 것이 얼마나 국익과 국가의 장래를 어둡게 만드는 위험한 행위라는 것을 모르고 있는 것 같습니다. 국가 지도자의 투명성을 검증하는 것은 정치의 핵심이라고도 할 수 있습니다. 미국에서조차 장관 임명 청문회를 장관들의 무덤이라고 할 정도로 국가 지도자의 검증은 엄격해야 합니다.

우리는 지난 대선 과정에서 정치 공방이라는 검증 과정을 거쳤습니다. 그런데 이 검증에 나선 국회의원을 기소했습니다. 국회의원의 가장 필요한 정치적 행위를 막고 국회의원의 입에 재갈을 채우겠다는 겁니다. 국회의원이 일반 국민 누구나 품고 있는 의혹을 외면하고 말하지 않는다면 누가 진실을 밝히고, 우리 사회의 부정한 세력, 특히 정부 권력이나 행정부가 부패할 때 누가 견제를 하겠습니까?

검찰은 국회의원의 입을 막으려 하고 있습니다. 대단히 위험한 모험을 하고 있는 것입니다.

셋째, 검찰은 자신들이 모범으로 삼고 있는 미국에서조차 자유로운 토론을 열어놓기 위해 정치와 선거 공방을 형사법적으로 처리

4. 정봉주의 快

하는 사례가 거의 없다는 사실을 애써 외면하려 하고 있는 것 같습니다. 미국에서조차 1964년 이후 정치적 공방을 형사 사건으로 처리한 일이 거의 없습니다. 하지만 검찰은 자신들의 형사법적 판단으로 헌법에 보장되어 있는 표현의 자유를 막으려 하고 있습니다.

존경하는 재판장님,

이번 BBK 관련 국회의원 정봉주 기소 사건은 우리 정치 역사의 한 면을 장식할 중대한 사건이 될 것이라고 판단합니다.

김경준의 BBK는 법의 판결을 받고 있지만 '진실 게임 BBK'는 역사의 흐름 속에 숙제로 던져졌습니다. 국민이 진실에 목말라하고 있을 때 국민의 대의기관으로서 국회의원의 정상적인 정치적 행위에 대한 하나의 판례를 만드는 중요한 재판이 될 것입니다.

검찰은 이 사건을 수사하면서 편파 수사를 했거나 보복성 기소를 한 것은 아닌가 하는 의혹을 갖게 만들고 있습니다. 거의 같은 내용을 주장했음에도 불구하고 한나라당 내부의 대통령 후보 경선 과정에서 한나라당 의원들의 주장에 대해서는 기소는커녕 수사조차 제대로 하지 않은 것이 이들의 편파성을 그대로 보여주고 있는 것입니다.

저 정봉주를 기소한 것은 철저하게 보복을 하기 위한 것은 아닌가 하는 의혹을 갖게 만들고 있습니다. 보복은 추한 것입니다. 우리가 하고자 했던 정치는 이처럼 보복 위에 피는 추한 꽃이 아닙니다.

 ___ **달려라 정봉주**

정치는 자신의 아비인 사도세자를 죽인 반대파들도 아침저녁으로 웃으면서 얼굴을 맞대야 했던 정조의 운명처럼, 그러한 관용과 포용 위에 피는 화합의 꽃입니다. 정치가 무한 화합과 무한 관용 위에 설 때 국민 입가에 웃음이 돌게 될 것입니다.

존경하는 재판장님,

진정으로 법이 살아 있음을, 정의가 살아 숨 쉬고 있음을 믿고 싶습니다. 국민의 명령을 받아 대통령 후보의 검증이라는 지극히 정당한 정치적 활동에 대해 그것도 철저하게 자료에 근거했던 가장 정상적인 정치 활동을 형사법이라는 이름으로 족쇄를 채우려 한다면 사회의 가장 높은 경쟁력인 도덕성은 어떻게 찾겠습니까? 국회의원의 도덕성 검증을 위한 정치적 표현에 재갈을 물리려 한다면 우리 사회의 미래 경쟁력인 투명성, 정직성은 어디에서 찾겠습니까?

존경하는 재판장님,

저는 지난 2개월간 재판을 받으면서 비록 짧은 기간이긴 하지만 진심으로 재판부에 깊은 신뢰심과 존경심을 갖게 되었습니다. 비록 재판장님과 저는 서 있는 위치는 다르지만 우리 국가의 앞날을 함께 설계하고 함께 운영해 간다는 공동운명체적인 판단을 갖고 보다 신중한 판결을 해주시길 바랍니다.

4. 정봉주의 快

존경하는 재판장님,

지금 우리 사회는 가치의 혼란을 겪고 있습니다. 도덕성의 몰락, 투명성이라는 가치가 퇴색되고 있습니다. 굳이 지진과 비유하자면 강도 7.0의 정신적 지진이 우리 사회를 덮치고 있는 형국입니다. 우리 모두 정신적 지진으로부터 살아남기 위해서는 도덕적 가치를 더 높이 세워야 합니다.

존경하는 재판장님,

국가의 도덕성을 높이기 위해서 지도자의 도덕성을 검증하려 했던, 그리하여 우리 사회의 도덕성과 정직성, 투명성을 높이려 했던 젊은 정치인의 진심이, 그 열정이 꺾이지 않도록 부디 현명한 판단을 해주시길 간곡히 부탁드리겠습니다.

도덕성 위에, 투명성 위에, 정직함 위에 우리 사회의 미래가 있고 더 힘찬 내일이 있다는 믿음이 꺾이질 않도록 부디 현명한 판단을 해주시길 다시 한 번 간곡히 요청 드리겠습니다.

이상으로 마치겠습니다.

BBK 저격수

낚이다

17대 총선에서 노무현 대통령의 '탄돌이'(탄핵 이후 국회의원이 된 사람)로 열린우리당 국회의원이 되었다. '위대한' 그리고 '맑은 영혼'의 정치인이자 '치명적인' 매력의 소유자 정봉주가 탄생한 것이다.

사실 국회가 무얼 하는 곳인지도 제대로 모른 채 그저 사교육에 경험이 많다 보니 교육을 바꿔야 대한민국이 행복해질 거라는 일념 하나로 국회의원이 되었다. 그야말로 해맑은 '순진무구' 그 자체였다. '열정' 외에 아무런 '욕심'도 없었다.

2007년 정기국회가 시작되기 전인 8월경, 김효석 원내대표와 임

4. 정봉주의 快

종석 수석부대표가 뜬금없이 나를 보자고 했다. 대통령 후보를 선출하느라 우리 당이나 한나라당이나 시끌벅적할 때였다. 특히 한나라당은 박근혜 후보 쪽에서 이명박 후보의 BBK 사건을 본격적으로 문제 제기한 뒤였다.

김효석 대표는 '이번 대선에서 BBK 사건이 가장 중요한 키포인트가 될 터이니 정무위원회로 가서 BBK 문제를 파헤쳐보라'며 제안을 해왔다. 그때 나는 국회의원이 되면 꼭 들어가고 싶었던 교육위원회에서 나름대로 잘한다는 소리를 듣고 있었다. 게다가 정무위는 금감원 등 은행권을 다루는 곳이라서 문외한인 내가 그쪽 분야를 맡기에는 역부족일 듯했다. 그래서 대번에 제안을 거절했다.

김 대표의 설득이 시작했다. '정 의원의 전투력이면 어느 상임위에 가도 충분히 통한다. 더구나 이번 대선이 중요하니 전투력과 실력을 갖춘 정 의원이 가장 중요한 BBK 건을 맡아야 되지 않겠느냐'며 아이들 다루듯 부추겼다. 그러면서 서혜석, 김현미 의원 등 쟁쟁한 전문가들이 있지만 그들의 전투력이 부족하니 나에게 전투력을 좀 보강하라는 것이었다. 칭찬에 약한 나는 그야말로 낚이기 일보 직전이었다. 김 대표는 흔들리는 나의 눈빛을 느꼈는지 계속 밀어붙였다.

"정 의원, 국회에서 저격수는 전통적으로 기본 3선은 해. 홍준표 의원 봐봐. 대표적인 DJ 저격수잖아. 3선은 기본으로 한다니깐." 사실 이 말에 혹했다. 지금 생각해보면 국회의원이라는 감투가 그리 탐났던 건 아닌데 그때는 웬일인지 그 제안이 나의 운명처럼 느껴졌다. '3선 국회의원' 보다는 'BBK 저격수'가 왠지 더 끌렸다. 말도 멋지지 않은가! 잠깐의 고민 끝에 수락을 했다. 그때는 몰랐지만 '낚인' 것이다. 결국, 그 결정이 지금의 'BBK 전문가' 정봉주를 있게 했지만 말이다. 김태년 의원도 그때 함께 차출됐다. 수락하면서 '대선이 끝나면 17대 국회의원 임기가 6~7개월이 남는데 그때는 교육위로 다시 보내달라'고 단서를 달았다. 정무위로 옮기기로 결정한 후 천진난만한 얼굴로 자랑스럽게 내 사무실로 돌아왔다.

보좌관들에게 해맑은 표정으로 여차저차 설명을 시작했다. 그러자 주군(?)의 말이 채 끝나기도 전에 보좌관들이 난리를 쳤다. "저격수는 죽으라는 것인데 그런 역할을 아무 생각 없이 받아들이느냐. 결국 희생은 의원이 하고 당은 아무런 책임도 지지 않는다. 그렇게 당을 위해서 고생한 의원들은 아무도 기억하지 않고 구제할 생각도 하지 않는다. 그것이 정당의 모습이고 정치다"라면서 설훈 의원의 예를 들었다.

그는 16대 국회의원 시절, 2002년 대선 당시 기자회견을 열고 "이회창 전 총재가 방미를 앞둔 2001년 12월에 최규선 씨에게 여비조로 20만 달러를 받았으며, 방미 당시 최 씨의 도움을 받은 대가로 최 씨를 당 국제특보로 내정했다"는 등 허위 사실을 유포해

4. 정봉주의 快

대선 출마를 앞둔 이 전 총재를 비방하고 명예를 훼손한 혐의로 기소돼 1심에서 벌금 400만 원이 선고됐다. 이어 항소심에서도 징역 1년 6월에 집행유예 3년이 확정돼 상고를 포기하면서 선거법상 피선거권 관련 규정에 따라 10년간 공직 선거에 나갈 수 없게 됐다.

사실상 정치생명이 끊어진 것이다. 이후 설 의원은 안타깝게도 17대 불출마 선언을 했고 한동안 정치적으로 많은 어려움을 겪었다. 특히 보좌관 중 한 명은 설훈 의원 보좌관 출신이어서인지 내가 정무위로 옮긴 것을 두고 무척이나 찜찜해했다.

내 운명을 지배한 BBK

자의 반 타의 반 정무위로 옮겨온 뒤 김경준을 본격적으로 조사하기 시작했다. 먼저 한나라당 경선 때 친박 진영에서 나온 기존의 자료를 살펴보았다. 언론에 나온 자료들도 다시 정리했다. 언론 자료가 의외로 많지 않았다. 'BBK 사건은 2007년 대선의 키포인트였는데 왜 언론보도가 별로 없을까?' 하는 이상한 생각이 들었지만 그런 걸 따지고 있을 단계가 아니었다.

상대방 진영에서 꼼짝 못하게 바로 치고 들어갈 핵심을 찾기 위해서는 다른 의원들이 찾지 못한 자료를 찾아야 한다는 강박감이 들기 시작했다. 김효석 원내대표에게 미국에 가서 김경준의 변호사와 가족들을 만나봐야겠다고 재촉했다. 그는 좋은 생각이긴 한데 조금 더 고민해보자고 했다. 그러더니 며칠 뒤 전갈을 보냈다. 미국에 가서 만나보고 조사하는 방법도 좋지만 자기 생각에는 나중에 위험해질 수도 있을 것 같다며 유보하자는 내용이었다.

당시에는 설명하기 힘든 그저 '감'일 뿐이었지만 이후 대선 기간 중 한나라당에서 민주당이 김경준을 기획입국시켰다고 몰아붙였던 상황을 생각해보면, 김 대표의 그때 판단은 매우 정확한 것이었다. 정치인들에게는 일반인들이 잘 모르는 '감' 혹은 '촉'이란 게 분명히 있는 것 같다. 물론 정치인이라고 해서 누구에게나 있는 건 아니다.

국정감사 시간은 점점 다가오는데 특별한 자료를 찾지 못하고 있었다. 공격수로 영입이 됐는데 도무지 공을 못 잡고 있으니 골을 기대하는 사람들에게 체면이 서지 않았다. 엎친 데 덮친 격으로 생각지도 못한 몇 가지 난제가 튀어나왔다.

이미 6월에 송영길, 박영선 의원이 BBK 사건과 관련해 대정부 질의를 했는데 기자들이 전혀 반응을 보이지 않았다는 것이다. 그리고 내용의 상당 부분이 사전에 거의 나온 데다 해외 역외 펀드, 해외 페이퍼 컴퍼니를 통한 돈세탁 등 주가조작과 이로 인한 자금 빼돌리기 등 일반 국민이 쉽게 관심을 갖거나 이해하기에는 사건이 너무 복잡하다는 것도 문제였다.

6~7년 전 사건이라 자료 찾기도 쉽지 않을 뿐 아니라 사건의 키를 쥔 곳이 금감원과 검찰이라는 점도 만만치 않은 걸림돌이었다. 참여

4. 정봉주의 快

정부와 민주당 의원들에게 협조할 리 없는 기관들이기 때문이다.

그곳의 협조는 포기한다고 해도 어떻게 국민이 이해하기 쉽게 문제에 접근할 것이며 사건을 재구성할 것인지, 그리고 이를 뒷받침할 만한 결정적인 증거자료를 어떻게 확보할 것인가 하는 고민으로 국정감사가 다가오면 다가올수록 엄청남 중압감에 시달렸다. 이러다 헛심만 쓴 채 골은 고사하고 똥볼만 차다 말 것 같다는 두려움이 일었다.

정봉주가 정무위로 왔으니 BBK 사건의 실마리를 찾을 수 있을 것 같다고 기대하고 있던 분들에게 실망감을 안겨드릴 것 같아 덜컥 겁이 났다. 그런 두려움과 어려움 속에서 BBK 사건 조사는 시작되었다. 낡였지만 내 국회의원 인생의 본질을 만나는 순간이었다.

 달려라 정봉주

도대체 BBK가 뭔데?

5200여 명의 300억 원, 설마 가카께서

그렇다면 BBK가 도대체 뭐기에 일 잘하고 있는 교육위원회의 에이스 정봉주까지 스카우트를 해야 했을까? 왜 BBK가 대선의 키포인트였을까? 또, 왜 나는 사건 발생 10년이 넘은 사건을 다시 깨워서 국민을 피곤하게 만드는가?

이 사건은 재발을 방지하고 도덕적인 정치 지도자를 선출하기 위해서 반드시 다시 언급할 필요가 있다.

먼저 BBK를 간단히 정리하자면 BBK라는 회사의 대표인 김경준이 회삿돈 300억 원을 빼돌려 5200여 명의 소액주주들에게 씻을 수 없는 피해를 준 사건이다. 김경준은 투자자문업을 준비하면서 이명박 후보와 동업으로 사업을 시작했다. 자본주의 사회에서 중범 죄행위에 해당하는 BBK 사건에 이명박 후보가 직·간접 개입되어 있다면 이는 공직자로서 도덕성에 심각한 문제가 있다는 것을 뜻 한다. 따라서 BBK의 실소유주가 누구인지 밝히는 것은 그만큼 중 요한 일이다.

만일 이 내용의 진실이 밝혀진다면 단순히 도덕적 문제가 아니라 법적인 책임도 면치 못할 것이다. 이 문제로 김경준은 8년형을 선고 받고 감옥에 수감돼 있다. 따라서 BBK 실소유자가 누구인가 하는 문제는 국민적 관심의 대상이었다.

그리고 앞으로도 관심거리일 수밖에 없다. 특히 2007년 대선 당 시 이명박 후보는 한나라당 대선 후보 경선 과정에서 만일 자신이 BBK 사건에 연루된 것이 밝혀진다면 대통령에 당선이 되더라도 책임을 지겠다고 밝혔기 때문이다. 바로 이런 사실 때문에 10년이 지난 사건임에도 다시 한 번 깊이 잠든 BBK를 흔들어 깨우려는 것 이다.

BBK 사건은 사실 무척 복잡하다. 김어준 「딴지일보」 총수가 자 신의 책 『닥치고 정치』에서 나름대로 쉽게 풀이해 놓았지만 그 정 도로는 이해하기가 쉽지 않다. 때문에 사건 자체의 내용을 이해하 기보다는 이 사건이 갖는 정치적인 연관성과 사회정치학적 의미를 이해하는 것이 옳을 것으로 판단된다.

1996년 총선에서 MB는 당시 국회의원에 당선되었지만, 곧 선거 비용 누락 등 부정선거를 저지른 사실이 밝혀져 재판을 받게 되었다. MB는 재판을 받던 도중, 1998년 2월 21일 국회의원직을 사퇴하고 미국으로 떠나버린다. 그렇게 도망치듯 떠난 미국에서 평소 알고 지내던 미국 국적의 한인 변호사 에리카 김을 통해 그녀의 남동생 김경준을 소개받는다.

MB 측은 2000년 1월에 처음으로 김경준을 만났다고 주장하는 반면, 김경준 측은 1999년 3월경에 이미 만났다고 주장하고 있다. 만난 시점이 중요한 이유는 BBK 설립 시기와 연결되기 때문이다. BBK는 1999년 4월에 설립 신고를 하고 11월에 인가를 받는다. MB 측 주장대로 2000년 1월에 김경준을 만났다면 BBK 설립에 전혀 관여할 수가 없게 되는 것이다. 하지만 만난 시점은 여러 정황

4. 정봉주의 快

2007년 대선 과정에서 많은 문제점과 의혹들이 제기되었고 그 의혹들은 여전히 속 시원하게 풀리지 않았다는 것이다. 그리고 김경준은 8년형을 선고받고 우리나라 감옥에 있다.

적 근거가 있다 할지라도 입증이 어렵고 공방이 불가피한 부분이기 때문에 안타깝지만 유효한 근거가 되지는 않는다.

MB와 LKe뱅크 설립한 김경준

1997년 7월, 한국에 들어와 펀드매니저로 활동하던 김경준은 1999년 4월 BBK투자자문회사를 자본금 5천만 원으로 설립하고 금감원으로부터 11월에 투자자문업으로 인가를 받는다. 이어서 MB와 함께 2000년 2월 18일 LKe뱅크(이명박의 L, 김경준의 K를 따서 만든 이름)를, 6월 14일에는 이뱅크증권중개회사를 설립한다.

BBK투자자문회사는 자금 도피처로 유명한 버진아일랜드에 다양한 펀드회사를 설립해 놓고 삼성생명 등 투자자를 모아 투자금을 운용한다. 김경준은 2000년 12월부터 BBK투자자문이 운영하던 펀드회사를 통해 주식을 매집하면서 1차 주가조작을 시도한다. BBK에 투자한 삼성생명은 금감원에 BBK가 투자운용보고서를 허

  달려라 **정봉주**

위로 위조했다고 신고했고, 2001년 3월 금감원 조사를 받은 후 4월에 투자자문업 허가가 취소되었다.

하지만 BBK가 운영하던 펀드회사를 통해 뉴비전캐피탈의 지분을 인수한 김경준은 2001년 4월 27일 대표이사로 취임하고 BBK의 이름을 옵셔널벤처스코리아로 바꾼다. 당시 LKe뱅크를 공동으로 설립한 MB는 더 이상 김경준을 신뢰할 수 없게 되어 2001년 4월 18일 김경준과의 동업 관계를 청산했다고 주장한다.

김경준은 옵셔널벤처스코리아 대표로 취임한 다음 가장매매, 허수주문, 고가매수 등을 통해 2차 주가조작을 시도해 2001년 7월 30일 옵셔널벤처스코리아의 자금 384억 원을 횡령한다. 김경준은 당시 BBK 투자자 중 MB와 친분이 있었던 오리엔스, 심텍, 다스 등에는 투자금의 상당 부분에 해당하는 200여억 원을 갚아주고 184억 원을 해외로 빼돌린 혐의를 받고 미국으로 도피한다. 즉, 이 사건에서 이명박의 지인들은 투자금을 돌려받아 손해를 거의 보지 않았으나, 5200여 명의 소액투자자들은 300억 원대의 큰 피해를 입게 되었다.

김경준은 2001년 12월 미국으로 도피한 뒤 2003년 공금횡령, 자금세탁, 공·사문서 위조 등 세 가지 경제범죄 혐의로 미국 연방수사국에 체포되었으며, 한미범죄인인도협정에 따라 2007년 11월 15일 한국으로 송환된 지 사흘 만에 경제범죄 혐의로 구속되었다. 그리고 BBK 사건을 수사하던 검찰과 특검은 BBK가 이명박 대통령과 연루되었다는 혐의에 대해 '혐의 없음'으로 결론을 내리며

4. 정봉주의 快

2008년 2월 수사를 종결하였다. 이게 지금까지 BBK 사건의 표면적인 진상이다.

그럼에도 2007년 대선 과정에서 많은 문제점과 의혹들이 제기되었고 그 의혹들은 여전히 속 시원하게 풀리지 않았다는 것이다. 그리고 김경준은 8년형을 선고받고 우리나라 감옥에 있다. 물론, 제기된 의혹들은 말 그대로 의혹으로 그칠 수도 있다. 입증할 수 없다면 말이다. 하지만 당시 제기됐던 수많은 의혹들을 이해해야만 BBK 사건을 제대로 알 수 있을 것이다.

MB 측은 자신들은 BBK와 전혀 관계가 없다고 시종일관 주장한다. 검찰의 수사 결과도 마찬가지이다. 다만 LKe뱅크는 김경준과 공동으로 설립한 사실은 맞지만 주가조작이나 횡령이 시작되기 전 김경준에 대한 신뢰가 무너져 김경준과 결별했다는 것이다.

하지만 여기서 의혹은 시작된다. 한 축은 많은 자금을 투자한 굵직한 회사들이 대체로 MB와 밀접하게 관련된 회사들이란 점이다. 한국에 별다른 인연도 없고 한국에 들어온 지 3년도 채 되지 않았던 30대 초반의 재미교포 김경준이 어떻게 그렇게 막대한 자금의 투자를 유치할 수 있었겠는가 하는 의문이다. 자연스레 이 의문은 뒤를 봐준 사람이 있을 것이란 의혹으로 연결된다. 김경준이 가는 곳마다 MB의 이름이 거명되는 데다 또 투자한 회사도 MB와 깊은 관련이 있던 회사들이었기 때문에 MB와 BBK가 연관이 있을 것이란 의혹으로 연결되는 것이다.

 달려라 정봉주

MB의 형과 처남 회사인 '다스', BBK에 190억 원 투자

이 회사들 중 190억 원을 투자하고 투자한 지 10년이 지난 2011년에야 투자한 자본의 원금만을 간신히 회수한 '다스'라는 회사는 MB와 끊으려야 끊을 수 없는 밀접한 관계에 놓여 있는 회사이다. 다스는 MB의 형인 이상은 씨와 처남인 김재정 씨가 대주주로 있는 회사이다. 이 회사는 190억 원을 BBK에 투자했다.

끊임없이 MB의 차명 소유일 것이라는 의혹이 제기되고 있던 도곡동 땅의 매각 대금이 다스로 넘어갔으며 또 다스는 이 돈의 일부를 BBK에 투자했다는 사실이 밝혀졌다. 도곡동 땅의 법적 소유자는 역시 형인 이상은 씨와 처남 김재정 씨의 공동 소유이다.

그런데 이 땅은 앞서도 지적했듯 이 한나라당 내부에서부터 MB의 차명 소유일 가능성이 크다는 의혹이 제기되기 시작했다. 이와 관련해 검찰은 크게 2단계로 나누어 발표했다. 2007년 대선 와중에 말이다.

우선 도곡동 땅은 이상은, 김재정의 소유가 아닌 제3자의 소유라고 밝혔다. 진실을 규명해야 할 검찰이 제3자가 누구인지는 밝히지 않고 MB

언론에 보도된 도곡동 땅의 실체. ⓒ세계일보

4. 정봉주의 快

를 보호해 오히려 더 의혹을 부풀렸다는 지적을 받았고 또 다른 의혹이 뒤를 이었다.

이명박 소유라는 전표를 봤다는 사람들의 증언도 나타났다. 대구 국세청장을 지낸 안원구 전 국세청 국장도 그중 한 사람이었다. 하지만 증언은 증언으로만 끝났다. 이를 입증할 물증이 나오지 않았기 때문이다.

그런 가운데 검찰은 제3의 인물이 이명박 후보는 절대 아니라고 두 번째 공식 발표를 한다. MB를 확실히 보호하면서 의혹에 종지부를 찍고자 한 것이다. 이렇게 검찰까지 동원해 실제 소유자가 이명박이 아니라고 극구 부인했지만 그럴수록 여전히 이 땅의 소유자가 MB일 것이라는 증언은 수그러들지 않았고 의혹 역시도 여전히 남아 있다.

 달려라 정봉주

새빨간 **거짓말**입니다

도곡동 땅 실소유자가 중요한 이유 : 소설의 단초

이처럼 검찰의 최종 발표는 도곡동 땅의 소유자가 MB가 아닌 알수 없는 제3자라는 것이다. 여러 가지 증언이 잇달았지만 그분의 성정이나 드러난 증거로 미루어 볼 때 절대 그럴 분이 아니라는 얘기다. 만일 의혹에만 기초했을 때 도곡동 땅의 실제 소유자가 MB인 것으로 밝혀지면 상황은 걷잡을 수 없게 된다.

도곡동 땅의 판매 대금이 다스를 거쳐 BBK의 투자로 들어갔기 때문에 BBK에는 MB의 상당한 지분이 생기는 것이다. 즉, 전체이든 혹은 부분이든 MB가 BBK를 소유하게 되는 것이고, 이렇게 되면 BBK 사건의 책임을 피할 수 없게 되는 것이다.

  4. 정봉주의 快

그렇지만 이는 정황상 그럴 것이라는 의혹에 불과하다. 이처럼 의혹으로 남게 되든, 아니면 의혹의 실체가 입증되든 이 의혹은 엄청난 폭발력을 갖고 있는 뇌관이다.

김경준은 미국으로 도피하기 전 다스의 투자금액 중 50억 원을 돌려줬으며 2011년 초에는 미국에서 벌어진 민사소송의 결과, 다스의 투자는 미래를 보고 투자한 엔젤 투자이기 때문에 투자금을 돌려줄 필요가 없다는 승소 판결을 받고도 다스의 투자금액 나머지인 140억 원을 모두 돌려주었다. 일반적인 상식을 완전히 뛰어넘는 이해할 수 없는 행동이었다.

다스를 따라다니는 의혹은 도곡동 땅과 관련된 것만이 아니다. 다스와 김경준의 재판 기록(사건번호 CV 04-3866 AHM(Mcx))을 보면 MB는 국회의원직을 사퇴한 뒤 김경준을 만나 벤처캐피탈 회사를 인수하기로 하고 세 가지 약속을 했다는 것이다.

첫째, 정치가로서 다시 재기하지 않고 사업가로 남겠다. 둘째, MB는 이 사업의 의사결정권자이지만 사일런트 파트너(Silent Partner), 즉 배후동업자로서 의사결정권자 역할만 하겠다. 셋째,

의사결정권자인 MB는 이 회사 투자자가 모두 MB의 친인척과 친구들이기 때문에 투자자와의 사이에 어떠한 문제가 발생하더라도 MB 자신이 개인적으로 해결할 것이고 김경준에게 책임이 가지 않도록 하겠다.

그리고 BBK 정관 30조 2항에는 MB가 이사회 의사결정권을 갖도록 하는 것이 명시되어 있다. 하지만 이런 의혹에도 검찰 수사의 최종 결론은 MB와 BBK는 관계가 없다는 것이었다.

심텍의 증언 : 여기까지가 팩트

BBK와 MB가 관련 있을 것으로 제기된 또 하나의 의혹은 BBK에 투자한 '심텍'의 행적이다. (주)심텍은 1987년 충북전자로 시작해 1995년 심텍으로 상호를 바꾼 코스닥 등록 기업으로 전자제품 및 부품 등을 제조 판매하는 회사이다. 심텍 전세호 사장은 MB와 고려대 동문으로, 투자 당시 이명박 소개로 김경준을 만나 설명을 들은 뒤 50억 원의 투자를 결정한 것으로 알려졌다.

MB는 심텍 전 사장에게 BBK에 투자할 것을 권유한 사실이 없다고 주장하지만, 당시 심텍 측은 자신들이 BBK에 갔을 때 MB가 회장실에서 나왔고 같이 식사를 했다고 밝혔다. 이는 MB도 인정한 내용이다.

당시 BBK에 함께 갔었던 임원들은 MB가 투자를 권유했다고 주장했다. 식사 후 MB는 식대를 BBK 법인카드로 계산했다.

심텍은 BBK가 금감원 징계를 받은 이후 투자금의 반환을 요청하면서 이명박의 부동산을 대상으로 가압류를 신청했으나 법원은 받아들이지 않았다. 그러면서 법원은 2001년 10월 12일에 ①투자일임계약서 작성 시 채무자(이명박)의 서명을 받지 못한 사유를 소명할 것, ②채무자(이명박)가 BBK투자자문회사에 대하여 가졌던 법률상 지위를 소명할 것을 요구하였다.

심텍은 2001년 10월 17일 보충 서면을 제출했고, 닷새 뒤인 10월 22일 법원은 MB 재산에 대한 가압류를 결정했다. 즉, 심텍이 법원의 보충 요청을 모두 충족했던 것으로 인정됐으며 당시 심텍은 이명박이 낸 식비의 BBK 법인카드 사용 영수증을 제출했던 것으로 알려졌다.

이 대목에서도 MB와 BBK가 확실히 관련이 있다는 의혹을 지울 수 없다. 만일 관련이 없다면 법원은 전혀 관련이 없는 제3자의 재산에 가압류를 인정한, 상식적으로 이해할 수 없는 결정을 한 것으로밖에 볼 수 없다. 심텍은 50억 원을 투자했지만 MB의 재산을 가압류하고, MB와 김경준을 고소한 때문인지 LKe뱅크와 옵셔널벤처스코리아로부터 투자금 전부를 돌려받았다.

어머니가 아니라 **Oh! Money**

계속 터져 나오는 결정적 증거 : 「중앙일보」 보도

이 밖에도 MB와 BBK의 연관성을 보여주는 자료들은 여러 곳에서 터져 나왔다.

MB는 2000년 10월, 「중앙일보」와의 인터뷰에서 "올해 초 이미 새로운 금융상품 소프트웨어를 개발하는 LKe뱅크와 자산관리회사인 BBK를 창업한 바 있다. 이뱅크 증권중개는 이 두 회사를 이용해 하게 되는 것이다. 주로 외국인을 큰 고객으로 삼을 작정이다. BBK를 통해 이미 외국인 큰손들을 확보해둔 상태다. (인력은) 미국 국적의 코넬대·시카고대·와튼스쿨 출신 한국계 금융공학 전문가 18명을 확보해 놓은 상태이다. 모건스탠리에서 근무했던 직원도

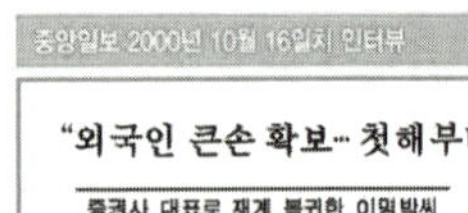

BBK 관련 보도. ⓒ중앙일보, ⓒ월간중앙

있다"고 했다.

또 2001년 「월간중앙」(3월호)과의 인터뷰에서도 "나는 어차피 정치 방학이 2~3년 갈 것으로 보고 그 기간에 해야 할 일이 무엇인가 심각하게 고민했습니다. 새로운 금융기법을 내가 익혀야겠다고 생각한 것입니다. 정치를 하더라도 필요하다고 여겼습니다. 이를 경험한 사람으로서 지난해(2000년) 초에 벌써 BBK라는 투자자문회사를 설립해 펀드를 묻고 있는 상태입니다"라고 언급해 BBK를 자신이 창업한 것으로 소개하기도 했다.

아울러 MB는 "질 좋은 금융상품 아이디어를 내는 LKe뱅크, 투자자문회사 BBK, 그리고 이 두 회사를 바탕으로 한 증권회사 e뱅크(이뱅크증권중개), 이 3각 축이 내 포부를 달성시키는 산실"이라는 계획을 밝히기도 했다.(2000. 10. 22. 「이코노미스트」 559호)

또한 2000년에 제작된 것으로 추정되는 BBK 브로슈어와 MB의 명함도 나왔다. MB 측은 이 브로슈어와 명함이 조작된 것이라고 주장하지만, MB의 비서로 핵심 측근이었던 이진영 씨는 이 브로슈어가 BBK 영업을 위해 제작된 것으로 2000년 가을 브로슈어 제작을 위해 이명박, 김백준, 김경준과 직원들이 사진을 촬영했다고 진술하고 있다. 또한 이명박의 명함과 관련하여 당시 회사 직원들이 모두 같은 모양의 명함을 사용했다고 미 연방검사 존 리에 의해 이루어진 심리에서 진술하였다.(미국 연방정부가 제기한 재산몰수재판 중 2006년 8월 28일~9월 1일 사이에 주한미국대사관에서 연방검사 존 리에 의해 진행된 조서)

20년 지기의 명함 공개

위의 결정적인 증거 외에도 밝혀진 자료는 많다. MB의 명함은 20년 지기 이장춘 전 외무부 대사에 의해 밝혀지기도 했다. 이 대사가 「조갑제닷컴」과의 인터뷰에서 "이명박에게서 BBK 명함 건네받

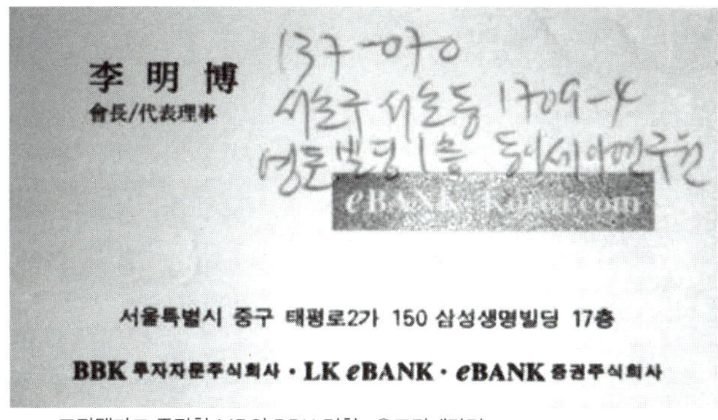

■ 조작됐다고 주장한 MB의 BBK 명함. ⓒ조갑제닷컴

4. 정봉주의 快

았다"라고 주장한 것이다

　이장춘 전 외무부 대사는 2007년 11월 22일 「조갑제닷컴」과의 긴급 인터뷰에서 "2001년 5월 30일 이 후보로부터 직접 명함을 받았다"고 밝혔다. 이 전 대사는 "(이 명함을) 서초구 영포빌딩에서 이 후보를 만나 받았다"며 "이 후보와는 20년 지기다, 명함을 줄 필요가 없었는데 당시 이 후보가 '인터넷 시대여서 인터넷 금융업을 한다'면서 명함을 준 것"이라고 말했다. 그는 필리핀·오스트리아 대사 등을 지낸 전직 외교관으로서 2001년에는 한나라당 국제위원회 부위원장을 지내기도 했다.

　이 전 대사가 제시한 명함에는 '이명박 회장/대표이사'라는 직함과 함께 회사명으로는 'eBank-Korea.com', 'BBK투자자문회사·LK-eBank·eBANK증권주식회사'라고 되어 있다.

　그 위에는 이 후보가 이사장으로 재직했던 동아시아연구원의 주소가 친필로 적혀 있다. 이 전 대사가 명함을 받은 시점은 2001년 5월 30일로, BBK가 금융감독원으로부터 등록을 취소당한 2001년 4월 28일, 그리고 MB가 김경준과 완전히 결별했다는 4월 18일이 훨씬 지난 시점이다. BBK와의 연관성을 보여주는 것은 물론 결별했다는 것에도 의혹을 품게 하는 내용이다.

하나은행 내부 투자품의서

BBK 사건의 개요는 다 밝혀졌다. 하지만 이 사건을 끝까지 추적하려면 복잡한 내용은 다 무시하고 쟁점만 정확히 지적해야 했다. 복잡한 설명은 자칫 국민에게 이 사건을 외면하게 만들 수 있었다.

쟁점은 LKe뱅크와 BBK가 실제로 같은 회사인지 아닌지이다. 만일 LKe뱅크와 BBK가 실제로 같은 회사라는 것이 드러나면 BBK 사건은 해결된다. 즉, LKe뱅크의 실제 투자자이며 법적으로 대표이사까지 역임했던 MB가 BBK의 실소유자라는 사실 관계가 드러나면 모든 상황이 다 끝나는 것 아닌가! MB는 BBK와 관련이 있다면 당선된다고 할지라도 책임을 지겠다고 약속했다. 지금 생각해보면 어

▬▬ 철저한 자료와 증거를 갖고 이명박 후보를 압박했다.

4. 정봉주의 快

차피 지켜지지 않을 약속이었던 것으로 추정되지만 말이다.

　MB는 분명하게 인정한 것이 하나 있다. 김경준과 함께 2000년 2월 18일 LKe뱅크를 설립했다는 사실이다. MB와 김경준이 30억 원을 공동 출자해 만든 회사가 LKe뱅크라는 사실도 밝혀졌다. 그런데 이 LKe뱅크는 BBK와 같은 사무실을 쓰고 있었다.

　서울시 중구 태평로2가 삼성생명빌딩 17층이었는데 바로 같은 사무실 내에 BBK도 입주해 있었던 것이다. 두 회사가 한 사무실을 썼고 정황상 결국은 같은 회사가 아닌가 하는 강한 의혹을 갖게 했지만 스스로 다른 회사라고 주장하는 데는 어찌할 재간이 없었다. 입증할 길이 없었기 때문이다. 심증은 가지만 물증이 없어 두 회사가 같은 회사라는 사실을 밝힐 수가 없었다.

　우리 팀은 LKe뱅크와 BBK와의 관계를 밝혀내자는 쪽으로 방향을 잡았다. 마침 하나은행을 조사하고 있던 여준성 보좌관이 은행의 심각한 문제점을 잡을 수 있을 것 같다는 보고도 있었던 차다. 하나은행이 2000년 6월, LKe뱅크에 5억 원을 투자한 것은 이미 알려진 내용이었다. 하지만 설립된 지 4개월밖에 되지 않았고 아무런 실적도 없었던 LKe뱅크에 어떻게 선뜻 5억 원이란 거액을 투자할 수 있었을까? 이 문제를 밝히기 위해 몇 년 동안 여러 명의 국회의원들이 하나은행에 자료 요청을 했지만 거절당했다. 사실상 이 일을 밝혀내는 것을 포기한 상태였다.

　그런데 여 보좌관이 거래와 관련된 하나은행의 심각한 잘못을 찾아냈다. 하나은행의 실무 담당자들은 비상이 걸렸다. 담당자들

　　　　　　　　　　　　　　　　　　　　　달려라 정봉주

이 줄줄이 옷을 벗어야 할 판이었다. 윗선까지 보고됐는지는 파악되지 않았다. 그런데다 BBK 담당들이 국회 정무위 소속이니깐 금융감독원 감사권을 쥐고 있었다. 은행은 금융감독원 앞에서는 고양이 앞의 쥐가 아니던가. 여준성 보좌관과 은행 담당 책임자들의 물밑 협상이 시작되었다.

"LKe뱅크에 투자하게 된 경위가 어떻게 된 것인지 자료를 제출해 주세요!"

"제출할 수 없습니다. 잘 좀 부탁드립니다. 너무 힘든 상황입니다. 그렇지 않으면 우리 모두 옷을 벗어야 할지도 모르는 처지입니다."

"좋습니다. 그러면 우리가 찾아낸 내용을 간단하게 지적하고 대충 정리하고 넘어갈 테니, LKe뱅크에 어떻게 투자하게 됐는지 투자 관련 자료를 제출하세요!"

"안 됩니다. 그렇게 되면 다 죽습니다. 부탁합니다."

"은행에서 LKe뱅크에 투자한 것이 이미 6~7년 정도 지난 일 아닌가요? 이 투자 관련 자료 줬다고 관계자들이 다치는 일은 없도록 하겠습니다."

서로 간의 협상이 시작됐다. 실랑이 끝에 타협점을 찾게 되었다. 실무 담당자가 실수로 자료를 건네준 것으로 하기로 하고 자료를 받았다.

자료 내용은 예상대로 충격적이었다. LKe뱅크와 BBK가 한 회사라는 것이 내부 자료에 나온 것이다. 더 정확히 말하면 LKe뱅크가 지주회사이고 BBK의 주식 100퍼센트를 소유하고 있었다. 그렇다면 LKe뱅크를 공동으로 소유하고 있던 MB가 결국 BBK도 소유하고 있는 것이 된다. 제출된 자료는 투자 결정을 하게 된 내부 품의서, 양측이 주고받았던 이메일, 투자한 돈을 날리면 이를 책임지고 갚겠다는 MB의 풋옵션 계약서, 그리고 그 계약서에 있는 MB의 자필 서명 등이 들어 있었다.

고생 끝에 낙이 왔다고 생각했으나……

기자회견을 하고 나서는 본격적으로 문제 제기를 했다.

하나은행이 작성한 투자 검토보고서를 보면 하나은행이 LKe뱅크에 투자 결정을 내리기로 결정한 근거는 LKe뱅크의 사업성이 아니었다. 검토보고서는 "LKe뱅크가 700억 원 규모의 헤지펀드를 운용하는 BBK투자자문(주)을 100퍼센트 소유하고 있으며, 최근 위탁매매전문 증권회사의 설립 인가를 신청 중에 있다"고 밝히고 있어 투자 결정의 요인은 BBK를 100퍼센트 소유한 것이라고 밝히고 있다.

이 같은 사실은 담당 직원은 물론 은행의 준법감시팀, 감사, 김승유 은행장까지 최종 승인한 사항이었다. 하나은행은 또 LKe뱅크에 투자를 최종 결정하기 전에 LKe뱅크 측에 BBK와 LKe뱅크의 회사 정관을 요구했다. 두 회사 정관을 통해 하나은행 관계자들이 최종 확인한 게 하나 있는데, 두 회사 모두 이사회 의결권의 절반을 MB

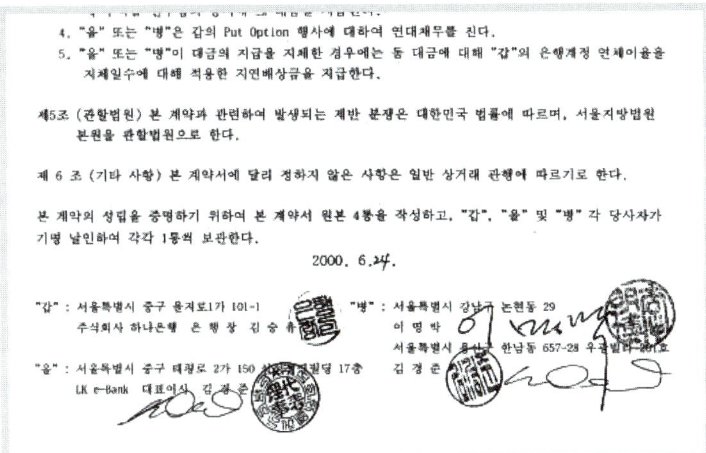

가 행사할 수 있다는 것이었다.

마지막으로 당시 하나은행 김승유 행장은 MB의 고려대 동기동창으로 두터운 친분 관계를 맺고 있었다. 투자 유치가 어려웠던 상황에서 이런 친분 관계를 하나은행 당시 담당자들도 알았을 것이고 이런 조건들이 작용했을 것이란 정황들이 나오게 된 것이다. 물론, 이건 추정일 뿐이다.

MB와 김승유 행장의 친분 관계가 하나은행의 투자 결정을 보다 원활하게 만드는 윤활제 역할을 했다면, LKe뱅크가 BBK의 지분을 100퍼센트 가지고 있다는 사실과 LKe뱅크와 BBK 두 회사의 이사회 의결권을 MB가 장악하고 있다는 사실은 하나은행이 5억 원의 투자를 결정할 수 있도록 만든 핵심적인 근거였다는 정황이 밝혀졌다. 이렇게 하나은행이 LKe뱅크에 투자하게 된 배경만을 놓

4. 정봉주의 快

고 보더라도 BBK는 'MB 것'이라는 사실을 금방 알 수 있었다. 아울러 당시 하나은행을 찾아가서 했던 사업설명회에는 MB의 최측근인 김백준 씨가 두 차례나 참여했다는 사실도 밝혀졌다.

결국 5200여 명의 소액주주들에게 피눈물을 안겼고 주가조작의 핵심으로 지목돼온 BBK가 LKe뱅크(MB 50퍼센트 출자 및 대표이사 역임)의 100퍼센트 출자회사임이 하나은행 공식 문서에서 확인되게 된 것이었다. BBK와 무관한 관계라는 MB의 지금까지의 주장을 180도 뒤집을 수 있는 내용이 나온 것이다. 야당 측은 환호했다. MB에게 BBK의 책임을 물을 수 있는 결정적인 자료가 나왔다고 판단했기 때문이다.

하지만 우습게도 하나은행이 김경준의 말만 믿고 부실 투자를 했다고 자인하고 나서면서 MB를 적극적으로 감쌌다. 한발 더 나아가 박형준 한나라당 대변인은 "법적 근거도 없는 내부 품의서를 가지고 큰 건수나 잡은 것처럼 호들갑을 떨고 있다"며 "이 서류는 하나은행의 LKe뱅크 지분 참여 타당성에 관한 내부 검토 및 결재 품의 문건에 불과하다. 그럼에도 이것이 LKe뱅크와의 정식 계약서인 것처럼 호도하고 있다"고 반박했다.

보수 언론은 당연히 한나라당의 입장만을 반영하며 애써 이 자료의 출현을 무시하려 했다. 하지만 MBC 최명길 선임기자만은 「뉴스데스크」 보도를 통해 "한나라당은 일단, 하나은행 문서가 김경준에게 속아서 작성된 것이고, 서명은 단순한 연대보증 서명이란 설명"이라며 "이 말이 맞다면 이 후보는 당시 계약 내용을 모르면서 이 계약이 잘못되면 돈을 돌려주겠다는 문서에 서명을 한 게 되는 것이다. 경영을 잘 아시는 분이 그랬을까 싶고, 해명이 필요한 대목"이라고 꼬집기도 했다.

상식이 통하는 사회라고 한다면 하나은행 자료 하나만으로도 BBK 문제는 해결되고 정리되었을 것이다. 하지만 보수 언론의 대국민 의식 조작이 난무하는 야만의 시대에는 결정적 자료도 그 힘을 발휘할 수 없었던 것이다.

얼마 후 2007년 대선 직전, MB가 광운대에 가서 직접 강연한 내용의 동영상이 나와 다시 전세가 역전되었다. 동영상에서 MB는 "BBK를 설립했다"고 말하지만 당시 한나라당 나경원 대변인은 말도 안 되는 유명한 논평으로 이 사건을 덮었다. "설립했다고는 했지만 '내가'라는 주어가 없다"는 논평이었다. 실소만 나올 뿐이었다. 이후 나경원 대변인은 '주어 경원'이라는 별명을 얻었다 .

검찰이 이 논평을 믿었는지 아니면 국민이 동의했는지 알 수는 없지만 이런 수많은 연관성을 말해주는 자료들에도 MB와 BBK는 관련이 없다는 것으로 결론을 내렸다. 그리고 BBK 사건은 그렇게 허무하게 끝났다. 2007년 대선에서 이명박 대통령이 탄생한 것이다.

　　　　　　　　　　　　　　4. 정봉주의 快

기획입국썰(舌)

홍준표, 기획입국설 진두지휘

2007년 대선을 4~5일 정도 앞두고 한나라당 의원들이 김경준이 입국하게 된 것은 정치적 의도가 있었다며 이른바 '기획입국설'을 주장했다. 당시 한나라당 클린정치위원장인 홍준표 의원은 BBK 사건의 핵심 인물인 김경준 씨 기획입국설을 입증할 수 있는 "편지와 각서를 갖고 있다"고 주장했다. 홍 의원의 입에서 시작된 기획입국 주장에 정두언 의원 등이 가세하며 선거 정국의 BBK 사건은 기획입국설로 급격하게 전환되기 시작했다.

홍 반장(홍준표)이 누구인가. 정치 공학에 능하고 전투력이라면 누구에게도 뒤지지 않는, 한때 김대중 저격수 역할을 하며 정가에

 달려라 **정봉주**

서 나름 일가를 이룬 상당한 내공의 소유자 아닌가. 민주당에서는 긴장했다. 명백한 공작정치였다. 아울러 BBK 사건에 대한 국민의 관심을 돌리기 위한 전형적인 '물 타기' 정치인 것이 분명했다.

홍 의원은 2007년 3월부터 10월까지 기획입국이 진행됐다고 주장했다. 김경준 씨와 함께 미국에서 1년여 동안 강도상해 혐의로 수감됐던 신경화 씨가 국내에 먼저 들어와 이명박 후보에게 생채기 내는 역할을 하고 그 다음에 김경준이 들어오도록 하는 것이 전모라고 덧붙였다.

한나라당이 기획입국의 증거라면서 제시한 것은 신경화 씨가 김경준에게 보냈다는 자필 편지였다. 신 씨는 '나의 동지 경준에게'로 시작된 편지에서 "난 대전에 와 있네. 이곳에 와 보니, 자네와 많이 고민하고 의논했던 일들이 확실히 잘못되었다고 생각하네. 그래서 자네와 약속했던 것들도 이행하지 못했고, 또한 그 약속들이 잘못되었다고 판단했다네……. 자네가 '큰 집'하고 어떤 약속을 했건 우리만 이용당하는 것이고……. 신중하게 판단하여 가지고 나오는 보따리도 불필요한 것들은 다 버리고 오길 바라네"라고 썼다. 편지에서 지칭한 '큰 집'은 참여정부의 청와대였으며 이 편지가 기획입국을 입증할 핵심 증거라는 것이 한나라당의 주장이었다.

한나라당 측은 여기에 덧붙여 그의 기획입국에 김만복 국정원장도 개입되었다고 주장하면서 검찰 조사를 요구했다. 국민이 보기에 일단 한나라당의 그림은 그럴듯했다. 참여정부와 여당인 민주당, 함께 감옥 생활을 했다고 주장하는 사람의 편지와 편지 내용의 구체성, 여기에다가 국정원장까지 개입되었다고 하니 구도로 보면 완벽했다. 한나라당이 검찰 조사를 요구하며 몰아붙이자 검찰의 반응은 즉각적이었다. 마치 기다렸다는 듯이.

민주당 의원들에 대한 전방위 수사

검찰은 민주당 의원 및 당직자 20여 명에 대한 조사에 착수했다. 선거 정국을 휘몰아치던 BBK 사건은 이제 '김경준 기획입국설'로 급격하게 넘어갔다. 민주당은 이제 공세적 입장에서 수비를 해야 하는 입장으로 전환되었다. 진보 진영의 가장 강력한 무기인 '도덕성'은 기획입국설이라는 말 한마디에 휘청거리기 시작했다.

진실을 파악하기 위해, 대통령 후보의 도덕성을 검증하기 위해 BBK 문제를 제기한 것이 아니고 단순히 상대 당의 대통령 후보를 흠집 내기 위해 김경준 입국을 기획하고 조작했다는 이미지가 국민에게 퍼지기 시작한 것이다. 한나라당의 주장은 보수 언론이라는 파도를 타고 검찰 수사라는 바람까지 타면서 선거 정국의 전면적

이슈로 등장했다.

　민주당 소속 의원들에 대한 조사가 전방위적으로 진행됐다. 어느 당이 여당인지 어느 당이 야당인지 구분이 되지 않았다. 주 타깃이 된 사람들은 BBK 전면에 서 있으면서 미국과 교류가 있거나 관계가 있는 의원들이었다. 박영선 의원은 미국에서 특파원 시절을 보냈으며 LA에서 거주했다는 것이 빌미가 됐다. 남편도 한국 사람이긴 하지만 미국에서 변호사를 하는 교포였다. 박영선 의원의 주위를 헤집는 듯한 느낌이 들었다.

　누나가 캘리포니아 주 LA 근처에 살고 있던 나도 예외는 아니었다. 친구들에게까지도 조사의 손길이 뻗쳤다. 일 년 정도 미국에 교환 프로그램으로 나가 있는 친구에게 대한민국 검찰이라며 전화가 왔었다는 말을 들었다. 그것도 현지 시각으로 새벽에. 우리나라 검찰은 상대방의 사정을 생각해주지 않는다. 새벽에 전화를 해서 대한민국 검찰이라고 했으니 그 친구나 가족은 얼마나 놀랐던지 심장이 땅에 떨어질 정도였단다.

　"대한민국 검찰이다. 정봉주 의원을 아느냐?" 전화를 받은 당사자는 물론이고 집안도 발칵 뒤집혔다. 검찰이라고 하면 아무 죄가 없는 사람도 화들짝 놀라는데, 그것도 새벽에 전화가 왔으니 당사자와 가족들이 얼마나 놀랐겠는가. 아무 관계없는 친구에게 전화를 했다는 사실만으로도 말 그대로 전 방위적 조사라는 느낌이 들었다. 하지만 나 때문에 놀랐을 친구에게는 미안했지만 그 정도로 쫄 내가 아니었다. 김경준을 의도적으로 입국시키려 하지도 않았고

　　　　　　　　　　　　　　　　4. 정봉주의 快

실제로 그런 영향력을 가지고 있지도 않았기 때문이다.

비록 여당이긴 하지만 민주당은 외무부나 검찰, 어느 곳에도 영향력을 행사할 수 없는 시기였다. 집권하면서부터 레임덕에 걸렸다는 소리를 듣던 정부가 미국과의 관계에서 어떤 영향력을 행사할 수 있으며 무슨 작전을 짤 수 있었겠는가. 통분할 일이지만 어쩔 수 없었다.

차명진 의원의 황당 발언

상임위에서 국정감사가 진행되고 있을 때 한나라당의 차명진 의원과 진수희 의원 등 한나라당 의원들을 포함한 몇몇 민주당 의원들과 함께 옆방에서 잠시 쉬고 있는데 차 의원이 넌지시 별일 아니라는 듯 물었다. "기획입국은 사실 아니냐, 김경준과 접촉하기 위해 미국에 보좌관을 보낸 일이 있냐." 이렇게 말이다. 그때나 지금이나 '가장 경박한 매력의 소유자' 정봉주가 아닌가. "그렇다"고 했다. 차 의원을 비롯해 현장에 있던 의원들 눈이 휘둥그레졌다. 어떻게 된 일이냐고 물었다.

외국어 전문가인 보좌관 두 명을 미국에 보냈는데 보내놓고 보니 일본어 전공자들이었다. 영어를 할 줄 몰라서 한마디도 못했다고 대답했다. "외국어 전문가이긴 전문가인데 일본어 전문가들을 잘못 보냈어!"라고 내 말투 그대로 말했더니 듣고 있던 의원들이 박장대소를 했다. 물론, 농담이었다. 차 의원의 웃음소리도 컸던 걸로 기억한다.

한나라당에서 기획입국이라는 말도 안 되는 주장을 자꾸 밀어붙이니 웃자고 한 말이었다. 그런데 이 내용을 국회 운영위에서 차명진 의원이 정색을 하며 발언을 한 것이다. '어떻게 의원이 됐을까' 하는 의문이 들었다. 게다가 언론보도까지 나왔다. '어떻게 기자가 됐을까' 하는 의문도 들었다.

어이가 없었다. 웃자고 한 말을 진짜로 믿은 것인지 아니면 뭐라도 물고 늘어져서 민주당을 흠집 내기 위해 의도적으로 발언한 것인지, 그걸 또 좋다고 기사로 쓴 기자까지, 참으로 황당하다는 말밖에 할 말이 없었다.

허무하게 끝난 기획입국설

검찰의 수사는 전면적이었고 전 방위적이었다. 하지만 실제로 미국에 가서 김경준의 변호사와 함께 김경준을 만난 사람은 친박계 변호사였다는 것이 수사 과정에서 나왔다. 수사를 하면 할수록 민주당이 관련되었다고 공언하던 검찰의 내용은 헛발질로 끝나기 일쑤였다. 애당초 검찰도 그런 걸 다 알고 시작했던 것 아닌가. 전 방위적이고 대대적인 수사는 6개월 뒤인 2008년 6월 아무 결과도 없이 허무하게 종결되었다.

         4. 정봉주의 快

　　BBK 대표 김경준 씨가 국가정보원과 정치권의 사전 음모에 의해 귀국했다는, 이른바 한나라당이 제기한 '기획입국' 의혹은 수사 결과 '혐의 없음'으로 결론이 났다. 서울중앙지검 특수1부와 공안1부는 '기획입국과 BBK 의혹' 등으로 정치권이 고소·고발을 주고받았던 사건과 관련해 당시 한나라당 홍준표, 정두언, 나경원, 정형근 의원 등과 민주신당 박영선, 김종률, 이해찬, 정봉주 등 여야 정치인 20여 명에 대해 무혐의 처분을 내렸다.

　　대선에서는 이명박 후보가 당선되었고, 다음 해인 2008년 4월 15일 치러진 총선에서 한나라당이 과반수를 차지하는 압승을 거두고 난 다음이었다. '기획입국설'이 정치 공작이었는지 아니면 이슈를 가리기 위한 물 타기였는지는 국민이 판단할 일이지만 아무튼 기획입국설은 일단락되는 듯했다.

흐린 가을 하늘에 편지를 써

의문의 편지 한 장이 바꾼 정국

하지만 2011년 3월 '기획입국설'은 다시 수면 위로 솟아오른다.

편지의 작성자로 알려진 신경화 씨의 동생 신명 씨(치과의사)가 2011년 3월경에 "형이 보낸 것으로 알려진 편지는 사실 내가 작성한 것"이라고 주장했다. 기획입국의 결정적 증거라며 당시 한나라당 홍준표 클린정치위원회 위원장이 제시했던 편지는 자신이 형 이름으로 대필한 것이며 조작된 것이라는 주장이었다.

신 씨는 "편지 조작을 제안한 것은 MB 가족이다. 내가 직접 만난 적은 없지만 사건을 진두지휘한 것으로 알고 있다. 중간에 양승덕, 김병진 씨 두 사람이 더 개입했다"고 말했다. 신 씨는 편지 작성

4. 정봉주의 快

의 대가로 형 신경화 씨의 감형 또는 출소를 돕겠다는 약속을 받았다고 주장했다. 신 씨는 편지 조작의 배후 세력을 언급했지만 실명을 공개하진 않았다. 그는 배후의 존재에 대해서는 확신하고 있었다.

사안 자체가 심각했고 문제의 정치적 파급력을 감안한 민주당은 BBK 사건의 재수사를 촉구했다. 민주당은 기획입국설의 증거라며 제시한 편지가 정치적으로 조작되었다는 사실이 밝혀진 만큼 BBK 사건을 원점에서 재수사해야 한다고 주장했다.

이에 대해 청와대 측은 "당시 특검에서 실체가 없다고 발표했고 이미 종결된 사안"이라며 "신명 씨 주장은 전혀 신빙성이 없는 것으로 판단하고 있다"고 당당하게 밝혔다. 홍준표 의원은 "정치 공작이나 불법적 요소가 있으면 책임지겠다"고 밝혔다. 하지만 당연하게도 검찰은 재수사를 하지 않았다.

이렇게 '기획입국설'은 2007년 대선 정국을 앞두고 BBK 사건을 '물 타기' 하면서 민주당을 곤경에 빠뜨렸고 이후에 편지를 대신 썼다는 당사자의 동생이 나타나 "실제 편지는 자신이 썼고 편지는 조작된 것"이라고 밝혔음에도 검찰은 재수사하지 않겠다는 입장만 재차 확인했다. 김경준 기획입국설은 수면에서 일단 사라졌다. 다시 동면에 들어갔지만 머지않아 깨어날 것을 예고하고 있다.

김경준에게 돌아오지 말라고 하는 내용을 담은 편지는 신경화 씨가 쓴 것이라고 한나라당은 주장했다. 이 편지 한 장이 기획입국설의 시작이었고 증거의 전부였다. 동생 신 씨는 편지 조작은 물론 모든 사건의 전말에 제3의 힘 있는 세력, 그러니깐 이런 조작을 가능하게 할 만한 힘이 개입되었다고 주장했다.

편지 조작, 기획입국설이 조작되었다는 것이 신명 씨 주장이다.

자신은 대학 시절 학비를 낼 능력조차 없을 정도로 어려운 생활을 했다고 한다. 그때 학비를 대주며 아버지처럼 자신을 도와준 분이 있었는데 바로 경희대 관광대학원 행정실장을 지낸 양승덕 씨였고, 양 씨는 편지 조작에 있어 중요한 역할을 담당했다. 신 씨는 실제로 양 씨를 아버지라고 부를 정도로 양 씨를 의지했다.

2007년 11월 초 양 씨는 신명 씨를 과천청사 주차장에서 만나 종이 한 장을 내밀었다. 그대로 쓰라는 것이었다. 종이에는 나중에 기획입국의 증거라고 한나라당이 주장하며 홍준표 클린정치위원장이 국회에서 자랑스럽게 흔들어 댄 바로 그 편지의 내용이 들어 있었다. 컴퓨터로 출력한 내용이었다. 신 씨는 실제 마음속으로 아버지라고 생각하며 의지하던 분이 종이를 건네자 별 말 없이 편지를 썼고 이를 전달해주었다. 자신의 형에게 도움이 될 수 있을 것이란 기대와 함께.

그리고 한 달이 지난 12월 13일경, 한나라당 홍준표 의원이 편지를 흔들면서 감옥에 있는 자신의 형인 신경화 씨가 쓴 편지라고 주장하는 보도를 접했다. 깜짝 놀란 신명 씨는 양 씨를 만나 어떻게 된 일이냐고 물었다. 양 씨는 이명박 후보 캠프에서 여덟 차례 법적 검토를 거쳤기 때문에 문제가 없다며 신 씨를 안심시켰다. 그러면서 형에게 유리한 상황을 만들어주겠다는 느낌의 메시지도 주었다.

나중에 알게 된 일이지만 이 편지를 양 씨는 당시 이명박 후보의 특보인 김병진 씨(경희대 행정대학원장 역임)에게 편지를 전달했다는 것이다. 그리고 이 편지는 어떤 경로였는지 확인되지는 않았지만 당시 클린정치위원장인 홍준표 의원에게 들어가게 된 것이다.

홍 대표는 「나꼼수」에 출연해 당시 편지가 어떤 경로인지는 모르지만 자신의 책상 위에 놓여 있었는데 너무 많은 사람들이 오가는 데다 하루에도 서너 차례씩 기자회견을 하던 시기였기 때문에 누가 갖다 놓았는지 모른다고 말했다. 누가 갖다놓았는지도 모르는 편지를 철석같이 진실이라고 믿고서 극도로 예민한 문제라는 사실을 무시한 채 공개했던 것이다. 우리나라 정치가 국민에게 신뢰를 받기 힘든 이유이다.

편지를 받은 양 씨는 신 씨에게 편지 봉투를 작성해 빈 봉투로 미국에 보내라고 요구했다. 편지가 미국으로 건너갔다는 알리바이를 맞추기 위한 것이었다. 자신의 미국 집 주소지로 빈 봉투를 보내라는 말에 조금 이상하다는 생각을 한 신명 씨는 봉투를 만들어 김경준 씨의 변호사였던 심화섭 씨의 사무실로 보내려고 했다. 하지만 심 변호사의 주소를 찾지 못해 미국 캘리포니아에 있는 누군지도 모르는 변호사 사무실로 편지를 보냈다. 그냥 보내는 것이 이상할 것 같아 컬러로 인쇄된 치과 광고지를 넣어서 보냈다는 것이다. 그 편지가 간 곳은 생면부지의 존 오(John Oh)라는 변호사의 사무실이었다.

이 조작된 편지의 출현으로 기획입국 수사는 시작됐다. 신명 씨도 검찰의 수사를 받았다. 편지 사건이 터지자 신경화 씨는 상황이 이상하게 전개되고 있으며 자신의 동생이 피해를 받지 않을까 우려했다. 그래서 언론에 난 편지의 내용을 그대로 작성해 신명 씨에게 전달했다. 동생인 신명 씨가 자신이 전달한 편지를 그대로 베껴 써서 미국에 보내도록 했다는 알리바이를 만들기 위해서였다고 한다.

이상이 신명 씨가 밝힌 편지 조작의 전모이다.

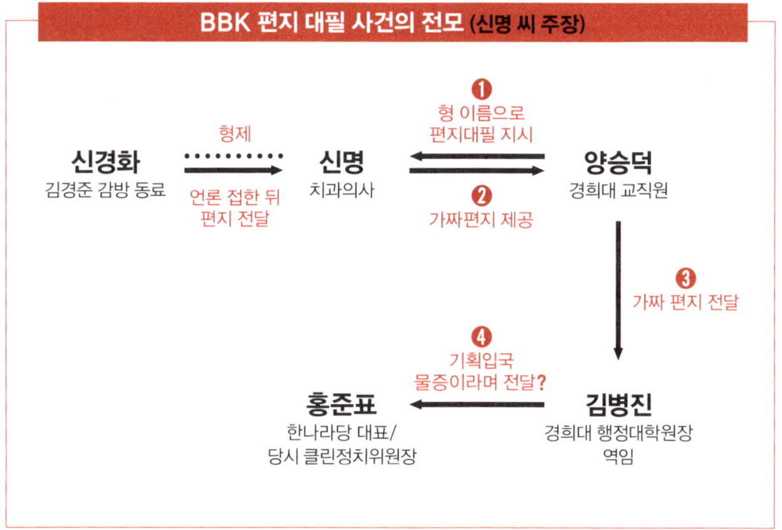

4. 정봉주의 快

봉투 없는 편지의 정체

검찰은 6개월간 수사를 진행하면서 민주당을 압박했으나 아무런 결과도 내지 못한 채 무혐의로 사건을 종결했다. 4년이 지난 2011년 3월, 신명 씨는 편지가 조작되었다고 주장했다. 물론 민주당을 제외하고는 검찰, 청와대, 한나라당 모두 반응하지 않았다. 국민도 마찬가지였다.

사실 한나라당 측에서 주장하듯이 이 편지의 내용이 사실이고 신명 씨가 허무맹랑한 주장을 한다면 몇 가지 의문점부터 해결되어야 한다.

우선, 편지 봉투의 존재이다. 실제로 신명 씨는 미국의 알지 못할 곳으로 자신의 치과 광고지를 넣어 편지 겉봉을 보냈다고 주장한다. 한나라당에서는 편지 겉봉을 확보하지 못했다. 홍준표 의원이 누구인가, 검찰 출신에 정치권에서 손꼽히는 저격수로 활동하면서 허위 사실 공방에서 자타가 공인하는 전문가다. 그런 그가 편지를 손에 넣었는데 편지가 어떤 경로로 입수되었는지, 편지 겉봉은 확보했는지를 확인하지 않고 기획입국의 증거라며 주장했던 것이다.

법률 전문가인 홍 의원의 평상시 정치적 행동과 비교할 때 너무나도 허술한 주장이다. 편지의 겉봉을 제시하지 못하는 한 이 편지가 미국으로부터 입수된 것이 아니라 동생인 신명 씨가 대신 쓴 것을 양승덕 씨에게 전달했다는 신 씨의 주장이 설득력이 있다. 조작된 편지가 맞는 것이다.

다음으로 형이 쓴 편지를 동생에게 전달했고 동생이 이 편지를 보고 다시 썼다는 것이 검찰 수사 결과이다. 이 내용을 추적해보면 엄청난 공작이 숨어 있음을 알 수 있다. 동생은 반대로 주장한다. 자신이 양 씨의 요구에 따라서 편지를 썼고 나중에 알리바이를 맞추려고 형에게 편지를 받았다는 것이다. 편지를 받은 것은 분명한 사실이다. 그리고 형이 이렇게 한 것은 동생이 이 사건에 휘말려서 피해를 볼까 두려워 자신의 탓으로 돌리게 하려고 편지를 주었다는 것이다. 형과 동생 모두 이렇게 한 일이 자신들에게 유리한 결과를 가져올 것이라고 믿고 있었다.

하지만 편지가 건네지는 순간, 두 사람 모두 함정에 빠진 것으로 보인다. 그런 사실을 이들은 모르고 있었다. 분명한 것은 동생은 형이 준 편지를 받았다는 사실이다. 만일 동생이 감옥에 있는 형으로부터 편지를 받지 않았다면 동생이 편지를 쓰게 된 경위가 설명되지 않는다. 본인 스스로 쓸 이유가 하나도 없는 편지였다.

형이 아닌 제3자인 양승덕 씨가 편지를 쓰도록 요구했다는 신명 씨 주장이 설득력을 얻기 위해서는 형으로부터 편지를 받지 말았어야 한다. 그런데 사건이 밝혀질 위험성이 있고 신명 씨가 나중에라도 폭로할 것이 우려되니 형이 동생에게 편지를 건네도록 하는 상황이 연출된 것이다. 그래야 제3의 인물이 존재한다고 주장하는 신명 씨 주장이 거짓이 될 수 있기 때문이다.

'양 씨에게서 편지 원본을 받았다고? 무슨 말이야, 형이 네게(신명) 편지를 주었잖아?' 신명 씨는 1차로 양씨에게서 편지 원본을 받고, 이후에 2차로 형에게서 형이 자필로 쓴 편지를 받았다. 두 군데서 받은 것이다. 양 씨에게 받았다는 것은 거짓이라고 묵살해버려도 할 말은 없다. 왜냐하면 형으로부터도 편지를 받았기 때문에. 이렇게 동생 신명 씨의 주장을 묵살할 계획이 사전에 기획된 것이다. 이 사실을 간파하지 못한 형제는 별생각 없이 편지를 주고받았다. 함정이었다.

여기에 또 중요한 사실이 숨어 있다. 어떻게 형이 동생에게 편지를 건넬 수 있단 말인가. 이 부분에 대해서는 아무런 설명이 없다. 감옥에 있는 형이 감옥 밖의 동생에게 편지를 건네는 것은 불법이고 절대로 불가능하다. 감옥에서 가장 금기시하는 불법적 요소이기 때문이다. 감옥 생활을 잘 알고 있는 나로서는 이런 주장이 가능하다. 정식으로 편지를 부치는 방법 이외에는 없다.

그런데, 이 편지를 동생에게 부친 기록이 없다. 그렇다면 어떤 힘이 개입해 불법으로 편지를 건네도록 할 수 있지 않았겠는가 하는 추측이 가능해진다. 「나꼼수」에 출연한 한나라당 홍준표 대표에게 감옥에서 어떻게 불법적으로 편지가 전달될 수 있는지 물었지만 속 시원한 대답을 하지 않은 채 피해버렸다. 공작정치가 개입되었을 가능성이 더욱 뚜렷해진 것이다. 홍 대표는 「나꼼수」에서 이 편지에 관한 불법이 밝혀진다면 책임을 지겠다고 밝혔다.

 달려라 정봉주

이렇게 소설을 써볼 수 있다

편지가 공개되고 난 뒤 나중에라도 동생 신명 씨가 양 씨의 존재를 밝힐 위험성을 차단하기 위해 사전 정지작업을 위한 힘이 개입된다. 감옥에 있는 형에게 동생이 위험에 처할 수 있으니 동생을 구하기 위해 편지를 쓰라고 설득한다.

전체적인 상황을 이해하지 못하는 형은 언론에 나온 내용을 자신이 썼다고 입을 맞추라는 지시를 받으며 편지를 쓴다. 그리고 이 편지를 전달하는 구체적인 방법까지도 지시를 받은 뒤 실제로 편지를 전달한다. 면회자와 칸막이가 없는 상태에서 만날 수 있는 교도소 특별접견실이나 검찰청 조사실에서의 대질신문 과정에서이다.

이런 가설이 아니면 편지는 절대로 건네질 수 없다. 편지가 건네졌다고 하는 것은 제3의 힘, 즉 공작정치의 힘이 개입되어 처음부터 모든 일이 기획되었다는 지적을 피할 수 없으며 편지를 주고받는 순간 이들은 움직일 수 없는 함정에 빠진 것이다.

반면, 편지가 조작되었다는 신명 씨의 주장은 상당한 설득력이 있다. 편지가 조작된 것이 사실이면 '기획입국설'은 애초부터 조작된 공작정치의 산물이 된다. 그래서 '기획입국설'은 지금은 일단 물 밑으로 들어갔지만 다시 긴 잠에서 깨어날 준비를 하고 있다.

4. 정봉주의 快

BBK 2012 보고서

BBK의 뇌관 김경준이 한국에 있다

김경준이 구속되어 8년형이 확정됐고, MB가 대통령에 당선되면서 BBK 사건은 표면상 종결됐다. 아니, 종결된 듯 보이지만 물밑에서는 계속 진행 중이라고 보는 것이 맞을 것이다. BBK 사건을 둘러싸고 있는 모든 사건들이 종결되어야 BBK 문제가 '법적'으로 깨끗이 정리된다. 정치적인 문제는 별도로 하고서라도 말이다.

BBK를 둘러싸고 정리되어야 할 사건들 가운데 우선 미국에서 진행되고 있는 두 개의 재판이 있다. 주가조작과 회사자금 횡령의 중심에 있던 옵셔널캐피탈(BBK의 후신인 옵셔널벤처스가 이름을 바꾼 회사)과 김경준 사이에서 진행되고 있는 횡령금 반환 소송이다.

다음으로 이명박 대통령이 실질적 소유자일 것이라는 의혹을 받고 있는 다스가 김경준에게 제기한 140억 투자금 반환 소송이다.

국내에서 정리되어야 할 문제도 두 가지다. 하나는 김경준의 누나인 에리카 김이 횡령 및 주가조작, 명예훼손 등의 혐의로 기소중지가 되어 있는 것이다. 기소중지라고 하는 것은 말 그대로 사건의 해결도 종결도 아닌 어정쩡한 상태를 말한다. 이를 정리하고 해결해야 한다.

또 다른 문제는 감옥에 있는 김경준의 신병 처리이다.

비록 유죄가 확정되어 8년 징역에 벌금 100억 원의 형을 받았지만 김경준이 국내에 있는 한 앞서 말한 제3의 인물에게는 늘 고민거리일 것이다. 어떻게든 신병 처리가 불가피하다. 이런 4개의 연관 사건이 정리되어야 BBK 사건이 '법적'으로 종결된다.

다스는 2003년 5월에 미국에 있는 김경준과 에리카 김을 상대로 투자금 반환 소송을 냈었다. 이듬해인 2004년 5월 김경준은 한국의 요청으로 미국에서 체포됐으며 김경준으로 막대한 손해를 본 옵셔널캐피탈 역시 그를 상대로 횡령금 반환 소송을 냈다.

투자금 반환 소송을 낸 다스는 대통령 선거가 있던 2007년 8월 1심에서 패한다. 말 그대로 투자금이었기 때문에 돌려줄 이유가 없다는 것이다. 미국 법원은 김경준의 손을 들어줬다.

김경준이 같은 해 11월 한국으로 송환되는 것에 더 이상 저항하지 않고 돌아오기로 결심한 배경에도 미 법원에서의 민사소송에서

 4. 정봉주의 快

이겼기 때문이라는 얘기가 있을 정도였다. 김경준은 다스와의 재판에서 이긴 것에 무척 고무되어 있던 것이다. 한국으로 송환되어 재판을 받더라도 이길 가능성이 크리라는 확신을 했을 것으로 추정된다.

하지만 한국에 들어온 김경준은 구속되면서 힘든 나날이 시작되었다. 미 재판부는 2008년 12월에 김경준이 스위스 은행으로 빼돌린 3,000만 달러 정도로 추정되는 계좌의 인출을 동결하라고 명령한다. 재판 과정에 있고 불법으로 취득한 재산일 가능성이 높기 때문에 재산권 행사를 제한한 것이다. 또한, 2009년 11월에는 옵셔널캐피탈 측이 김경준에게 제기한 횡령금 반환 청구소송에서 김경준에게 371억 원을 배상하라고 판결했다.

두 개의 재판으로 미국 법원은 이명박 대통령의 형이 운영하는 다스 측이 제기한 투자금 반환소송에서는 반환할 이유가 없다며 김경준의 손을 들어주었고, 옵셔널캐피탈 측이 제기한 횡령금 반환 청구소송에서는 청구가 정당하다며 옵셔널캐피탈 측의 손을 들어준 것이다. 다스 측은 돈을 다 날릴 처지에 놓였고, 김경준으로부터 막대한 손실을 입은 옵셔널캐피탈 측은 일정 정도의 배상을 받을 수 있게 된 것이다.

그런데 여기서 황당한 상황이 발생한다. 돈을 받을 수 없게 된 다스 측 변호사는 2010년 말경에 김경준과 합의 중이라며 재판 심리를 연기해줄 것을 요청한다. 김경준 측으로서는 이긴 재판이기 때문에 합의를 볼 필요가 없었는데도 말이다. 그리고 2011년 1월 말 김경준 측은 미 재판부가 동결시킨 스위스 계좌에서 어찌 된 영문인지 다스 측에 140억 원을 송금해준다.

재판에 이기고도 돈을 돌려주다

정리하면 이렇다. 다스는 재판에서 졌다. 때문에 김경준은 다스에 140억 원을 돌려줄 이유가 없다. 그리고 그 돈은 미국 법원에서 동결시킨 스위스 계좌의 돈이다. 이 동결된 상황을 어렵게 돌파하면서까지 돌려줄 이유가 하나도 없는 다스에 김경준 측은 140억 원을 어렵사리 돌려준다. 그리고 2011년 4월 다스는 김경준 측에 대한 민사소송을 취하한다. 받지 못할 뻔했던 돈을 돌려받았으니 소송 취하는 당연한 결과다.

뒤늦게 이 사실을 알게 된 미 재판부는 펄쩍 뛰면서 검찰 수사를 지시한다. 자신들이 돌려받을 액수의 절반 가까운 돈을 날리게 된 옵셔널캐피탈은 김경준 측에 대한 명령 신청을 한다. 즉, 다스 측 변호사와 에리카 김 변호사의 법정 모독, 140억 원 반환, 스위스 계좌 내역 공개 등이 그러한 내용이다. 이를 재판부에서 받아들여 수

4. 정봉주의 快

사 지시를 하지만, 정작 재판부 스스로 별다른 결과 없이 유야무야 처리한다. 무엇인가 석연치 않는 처리 과정이고 이해하기 힘든 내용이다. 그런데 이런 상황이 국내에서 진행된 처리 과정과 연결시켜보면 이해가 되기 시작한다.

김경준 미국 송환 위한 법 정비 : 어디까지나 추정

미국에서 재판이 진행되는 동안 국내에서는 두 가지 커다란 사건이 전개됐다.

먼저 2009년 3월 국회에서는 국제수형자이송법이 개정되었다. 이 법은 외국에서 감옥 생활을 하고 있는 대한민국 국민의 국내 이송과 대한민국에서 감옥 생활을 하고 있는 외국인의 국외 이송에 관한 요건과 절차 등을 규정하고 있는 법이다.

국내에서 수형 생활을 하고 있는 외국인을 해외로 송환시키기 위해서는 국제수형자이송심사위원회를 설치하고 이 심사위원회의 의결을 거쳐야만 한다. 이를 규정하고 있는 법률이 이 법의 제2장 제5조에서부터 제10조까지 6개 조항에 걸쳐 있다. 심의 규정을 엄격하게 적용시키겠다는 의지가 반영된 법률이다. 그런데 2009년 3월, 이 법이 개정된다.

제5조에서부터 제10조까지, 즉 제2장에 있는 이송심의위원회 관련 규정이 전면 삭제되고 법무부 장관이 이를 결정할 수 있도록 간

소화한 것이다. 김경준 케이스라고 불릴 정도로 김경준의 미국 송환을 염두에 둔 법률 개정이라는 지적이 있었고 실제로 민주당 박영선 의원은 법률 개정안이 올라온 2월에 국회법제사법위에서 김경준을 겨냥한 법안 아니냐는 지적을 하기도 했다. 어쨌든 가장 불편할 수 있는 미국 국적의 김경준을 미국으로 송환시키기 위한 간편한 절차는 법무부에서 오랫동안 준비한 끝에 마련된 것이다. 불법은 성실하고 꼼꼼하다.

다음으로 에리카 김의 사건 진행이다. 에리카 김은 김경준의 사건인 주가조작 및 횡령사건과 연루되어 기소중지 상태였다. 즉, 수배 중인 것이다. 때문에 한국의 귀국 요청에도 응하지 않다가 2011년 2월 돌연 입국한 것이다.

입국 즉시 검찰의 수사가 진행됐고, 수사 과정에서 에리카 김은 'BBK가 이명박 후보의 소유라고 말했던 것'은 거짓이라고 자백한 것으로 알려졌다. 결국 주가조작 및 횡령사건은 불기소 처분으로 끝났으며 이명박 후보에 대한 명예훼손은 피해자인 이명박 후보 측에서 처벌을 원치 않는 것으로 에리카 김 사건은 깨끗하게 종결되었다. 김경준과 관련된 연관 사건들이 거의 모두 종결된 것이다.

          4. 청봉주의 **快**

이제 국내에서 진행됐던 사건의 내용과 미국에서 진행된 재판의 내용, 그리고 김경준이 다스 측에 대응한 내용들을 종합해보면 다음과 같은 추측이 가능해진다. 김경준의 누나 에리카 김은 자신들의 거짓으로 BBK 사건이 진행되었다고 인정했다. 그리고 자신에게 남아 있던 기소중지 사건을 종결시킨다.

자신들이 거짓을 말했다고 잘못을 인정하면서 동시에 대한민국 정부는 국제수형자이송법을 간편하게 개정함으로써 언제든지 김경준이 송환될 수 있도록 환경을 조성한다. 하지만, 여기서 끝나지 않고 김경준은 다스와의 민사소송에서 자신이 승소했기 때문에 돈을 돌려줄 필요가 없는 140억 원을 다스에 돌려준다. 그리고 다스와 김경준 측은 민사소송 건을 합의 종결한다. 이제 모든 것이 정리되었다. 다스는 돈을 돌려받았고, 에리카 김은 자신을 둘러싼 법적 관계를 깨끗이 정리하고 자유로운 신분이 되었다. 남은 것은 감옥에 있는 김경준이다.

김경준이 그렇게 원하던 미국 송환 요구는 법률 개정으로 간단해져서 언제든지, 법무부 장관이 마음만 먹으면 보낼 수 있게 되었다. 지금 법무부 장관은 권재진이다. MB 정권의 청와대 민정수석 비서관 출신이다. 참여정부 당시 법무부 장관에 문재인 민정수석을 임명하려 했다. 그때 그렇게 반대했던 사람들이, 이번에도 많은 반대가 있었음에도 고집스럽게 권재진 장관을 그 자리에 앉혔다.

아무튼 미국 송환 이후 보석 등의 절차를 거쳐 석방되는 것은 김경준이 해결할 몫이다. 김경준에게는 아직도 스위스 은행에 160억 원가량의 돈이 남아 있는 것으로 추정된다. 이런 추정은 모든 걸 이해하게 한다. 한상대 검찰총장이 왜 그 자리에 앉아 있는지조차 도 말이다.

양측은 상호 합의하에 BBK 사건을 종결시켰다. 4년에 가까운 시 간이었다. 그리고 시간은 이명박 대통령의 퇴임으로 달려가고 있다. BBK 사건 종결 처리와 퇴임 시점이 절묘하게 맞아떨어진 것이다. 추정이지만 정말 절묘하다.

드레스룸에서 감옥 연습

대선 과정에서 BBK를 전면에 내걸고 이명박 후보의 도덕성을 검증 하자고 나섰던 의원들은 모두 네 명이다. 나와 박영선, 서혜석 의원 이 BBK 사건에 대해 역할을 분담하여 문제를 제기했고, 김현미 의 원은 정동영 후보의 대변인으로서 각종 의혹을 제기했다. 그리고 이 밖에 김경준의 변론을 맡았던 김정술 변호사와 진성준, 박영중 등 당직자가 있다.

BBK 문제를 앞장서서 전면적으로 제기하니 주위의 많은 의원들 이 만류했다. 어차피 대선에서 MB가 당선될 것이 확실한데 그러다 가 혼자만 다칠 것이라는 우려가 이들의 만류 이유였다. 하지만 너 무나 분명하고도 뻔한 사실을 외면할 수는 없었다. 사실을 파고들 면 들수록, 근거를 확보하면 할수록 더욱더 확신이 섰다. 법적으로

  4. 정봉주의 快

문제가 될 것이라는 생각도 걱정도 없었다. 어리석을 만치 단순했다. 아내도 무섭다고 했다. 협박 전화도 잊을 만하면 걸려오곤 했다. "딸내미가 초등학생이네요?" 하고 음험한 목소리로.

문제 제기가 본격화되자 한나라당 측에서도 수비수들이 속속 등장하기 시작했다. 총 방어의 선봉에는 홍준표 의원이 섰다. 한나라당 클린정치위원장의 자격으로 방어했다. 대통령 선거가 코앞으로 다가오자 새로운 수비수들이 등장했다. 그중 한 사람이 고승덕 변호사였다.

검찰 수사가 임박하자 아마도 이에 영향을 미칠 의도였는지는 모르지만 고승덕 변호사가 검찰청 기자실에서 기자회견을 했다는

달려라 정봉주

소식이 들려왔다. 이에 우리는 서초동에 있는 변호사 사무실 한쪽 구석을 빌려 보좌관 팀을 아예 그쪽으로 옮겨놓고 검찰청사에서 기자회견을 이어갔다. 검찰로서는 불편했을 것이다. 자신들 안방에 들어와 편파수사를 한다느니 봐주기 수사를 한다느니 하면서 근거를 들이밀었으니 말이다.

그렇게 난리를 쳤는데도 민주당은 대통령 선거에 졌다. 애당초 이기기 어려운 선거였던 것이다. 시대의 흐름이 우리를 외면했기 때문이다. 검찰은 우리를 '허위 사실 유포' 혐의로 기소했다. 국회의원 선거 와중이기 때문에 재판을 연기해 달라는 요청을 재판부는 묵살했다. 선거운동 기간이 13일밖에 남지 않은 와중에 재판을 받았다. 1심에서 징역 1년형을 받았고 2심에서도 역시 마찬가지로 징역 1년이 선고되었다. 그 흔한 집행유예도 아니다. 대법원에서 확정되면 징역 1년을 살아야 되고 징역을 마치는 날부터 10년간 피선거권 박탈, 어떤 선거에도 출마하지 못하는 정치적 사형선고를 받았다.

대법원 확정일로 추정되던 2009년 4~5월경에는 감옥 생활에 적응하기 위해 훈련을 하기도 했다. 집 드레스룸을 감옥의 독방으로 설정하고 심리적 대비 훈련을 한 것이다. 훈련을 하기 위해 드레스룸의 짐을 치울 때 나를 쳐다보던 아내와 아이들의 처연한 눈빛을 잊을 수가 없다.

낙선한 데다 검찰의 고발까지 당해 대법원 판결만 남겨둔 남편을 대신해 졸지에 가족의 생계를 책임지게 된 아내의 안타까운 눈빛, 그리고 호기심으로 "아빠, 뭐해?"라고 묻던 딸의 천진한 물음. 학생운동을 하던 시절에 감옥을 경험해보긴 했지만 나이 들 만큼 들어서 다시 간다는 것은 두려운 일이었다. 연습이라도 해서 마음이나마 편해지고 싶었다. 별 소용이 없었지만 말이다.

그러다 2011년 8월 18일에 재판 일정이 잡혔다는 통보를 받고는 가슴이 무너져 내렸다. 「나꼼수」에서나 대외적으로 농담처럼 말하고 있지만 속으로는 무척 두렵다. 일부라도 뒤집히지 않고 그대로 확정된다면 꼼짝없이 감옥행이다. 나를 지켜줄 사람도, 조직도 하나 없는 지금, 그야말로 하염없이 눈물만 쏟아졌다.

4년을 끌어온 재판이, 하염없이 끌 것 같았던 재판이었지만 다시 일정이 잡혔다니 두려움이 몰려왔다. 하지만, 언제까지나 두려움에 떨 수만은 없다고 생각했다. 그렇게 두려움을 정면으로 받아들이니 마음이 한결 편해졌다. 다행인지 불행인지 재판 기일은 재판부가 추후 지정하겠다며 다시 연기되었다. 대법원 판결이 연기되는 흔치 않은 일이 발생했지만 어쨌든 가슴을 쓸어내렸다. 언제가 될는지 모르지만 일단은 무한정 연기된 것이다.

많은 사람들이 도와주었다. 나를 지지해주는 분들이 돌아가면서 1인 시위도 해주고 팬 카페 '정봉주와 미래권력들'에도 많은 분들이 방문해 격려를 해주었다. 모두가 다 우리 사회의 정의를 바라는 분들 덕분이다.

 달려라 정봉주

제2의 BBK가 터진다면

BBK 사건과 재판은 정확하게는 '명예훼손'에 관한 것이다. 이 재판은 우리나라 정치 역사는 물론이고 판례에도 중요한 근거가 될 것으로 보인다. 향후 정치인의 공적인 발언을 어느 정도까지 허용하고 어느 정도에서 '명예훼손'으로 규제할 것인지 범주를 정해줄 것이기 때문이다.

미국에도 비슷한 사례가 있다. 1960년 3월 「뉴욕타임스」는 반인종차별운동을 하던 마틴 루서 킹 목사가 앨라배마주에서 위증으로 구속된 사건을 도우려고 성금 광고를 냈다. 그런데 이 광고에서 경찰이 인권운동가들에게 가한 행동을 묘사했는데 그중에서 몇 가지가 부정확한 사실들을 담고 있었다.

자신의 이름이 직접 묘사되지는 않았지만 경찰들을 감독하는 지위에 있던 앨라배마주 몽고메리 지역의 설리번 위원은 「뉴욕타임스」를 명예훼손으로 고소했다. 앨라배마 최고법원은 이를 활자화된 명예훼손으로 간주하고 설리번의 손을 들어주었다. 피해 보상으로 50만 달러를 지급하라고 판결했는데 당시로는 상당히 큰 돈이었다.

하지만 미 연방대법원은 만장일치로 이 결정을 파기한다. 브래넌 대법관은 9인의 연방대법관을 대표해 쓴 판결문에서 "이런 소송이 허용된다면, 향후 정부 관료를 향한 비판들이–설사 그것이 정당한 비판일지라도–공포와 두려움의 장막에 갇혀 얼어붙게 되고, 이는 곧 정당한 비판 이전에 자기 검열로 이어질 것이다"라고 밝혔다.

이 역사적 판결로 명예훼손의 대상이 공인(public figure)이고 그의 공적 활동에 대한 내용(public matter)이 명예훼손과 관련된 문제일 때 명예훼손을 당했다고 주장하는 공인은 '발언의 허구성'과 '과실-실질적 악'을 추가적으로 증명해야만 배상을 받을 수 있게 되었다. 결국, 이 판결 이후 현실적으로 명예훼손을 입증하기가 거의 불가능하게 되었다. 공직자의 명예보다 언론의 자유를 중시한 헌법 정신을 살린 판결로 미국에서는 공직자에 대한 검증이나 비판을 명예훼손으로 문제 삼는 것이 거의 불가능해졌다. 법이 국민의 알 권리를 위해 더욱 선진적인 방향으로 진화하는 모습이다.

BBK 사건을 방어한 쪽은 우리 측 공격을 허위사실과 명예훼손으로 보았다. 하지만 이 문제를 전면적으로 제기한 입장에서는 공직자의 명예도 중요하지만 국민의 알 권리와 언론의 자유가 보다 중요하고 이에 기초한 검증이라고 판단했다. 향후 5년간 대한민국의 운명을 결정할 대통령 선거를 앞두고 최고 공직자의 도덕성을 검증하는 것은 무엇보다도 중요한 일이었기 때문이다.

특히 국민을 대표하고 국민의 입을 자처하고 있는 국회의원이 법이란 테두리가 두려워 보신주의에 입각해 정작 중요한 사실을 말하지 않고 도덕성 검증을 회피한다면, 그 피해는 고스란히 국민에게 돌아가는 것이다.

큰 두려움이 밀려왔고 많은 고통이 뒤따랐다. 앞으로 더욱더 그

짐을 내려놓기가 쉽지 않을 것도 같다. 하지만 BBK를 역사의 중심으로 끌어낸 것은 큰 성과였다고 판단한다. 그 복잡하고 어려운 BBK 사건을 간단하게 풀어서 썼다.

도덕성이 있느냐 없느냐의 문제로 접근한 것이다. 정의로운가 그렇지 않은가의 단순한 기법으로 공직자를 보려 했던 것이다. 만일 다시 2007년 대선이 오고 그와 유사한 어떤 순간이 온다고 해도 정의가 살아 있다면 누군가가 또 그와 똑같은 문제를 제기할 것이다. 공직자에게 도덕성은 생명과 같기 때문이다.

국회의원이란 권한을 위임한 위대한 국민은 자신이 위임한 권력이 두려움 없이 사용되고 있는지를 두 눈 부릅뜨고 지켜보아야 한다. 나 역시도 같은 순간이 온다면 다시 나설 것이다. 똑같은 고통을 당할지라도 말이다. 왜? 우리 사회는 반드시 정의로운 사회가 되어야 하고 그 길이 바른 길이니까. 게다가 나는 '위대하고도 맑은 영혼의 정치인' 정봉주가 아닌가.

서민의 삶 울린 저축은행 비리 사건

부산·삼화 등 저축은행 사건은 죄질이 아주 나쁜 사건이다. 피해자들이 대부분 서민과 고령의 소상인들이기 때문이다. 이 사건으로 그들의 삶은 완전히 파괴됐다. 더구나 이 사건에는 서민과 소상인들이 뽑아준 여권의 유력한 정치인들이 많이 연관돼 있다. 그래서 더 실망스럽고 더 좌절하는 것이다. MB의 조카사위가 연관된 삼화저축은행 사건은 씨모텍이라는 코스닥의 잘 나가는 기업의 대표가 자살까지 했다.

사건이 터지자 정부에서는 범정부차원에서 저축은행 비리를 다루겠다며 엄정한 수사를 약속하고 떠들썩했다. 많은 검찰 인력을 동원했고 수사도 대대적으로 펼쳤다. 마치 권력 말기에 나타나는 게이트처럼 확대될 것만 같았다. 하지만 예상대로(?) 시작은 창대했으나 그 끝은 몇몇 임원들을 구속시키는 '꼬리 자르기'로 끝났다. 피해자들의 분노는 극에 달했지만 더 이상 어쩔 수가 없었다.

이 사건을 보면서 검찰은 정치권이 깨끗해지기를 원하지 않을 수도 있다는 판단이 들었다. 아마도 샅샅이 수사를 하긴 했을 것이다. 그 수사 자료를 다 노출할 것인지의 여부는 검찰의 판단이다. 만일 정치권의 비리를 있는 그대로 노출시키면 정치권은 어려움을 겪을 수도 있을 것이다. 동시에 스스로 정화의 기회를 잡게 될 수도 있다. 이처럼 정치권이 깨끗해지면 다음에 그 개혁의 칼날이 향할 곳은 바로 검찰 개혁이다.

여기까지 확장해 보면 검찰이 굳이 정치권이 정화되는 방향을 원치 않을 수도 있을 것이란 생각이 든다. 비리의 정보를 주머니에 넣고 만지작거리며 정치권을 향해 '적당히 하라'는 시그널을 보내는 것도 한 방법일 수 있을 것이란 상상을 해본다.

부산저축은행 사건

로비스트 박태규에 대한 풀리지 않는 의혹

MB 정권 들어서 발생한 대표 민생 범죄는 저축은행 불법대출 사건이다. 우리 사회에서 가장 어렵게 생업을 유지하는 시장 상인 등 소상인들이 주로 이용하는 곳이 바로 저축은행 아닌가. 그런데 이들은 정보 습득에 취약하다. 저축한 금액 중 은행에 문제가 발생할 경우 5천만 원까지밖에 보호받을 수 없다는 공고를 수없이 해도 저축은행을 이용하는 분들 중 상당수가 이런 내용을 사고가 난 다음에야 알 정도다.

때문에 문제가 발생하면 그 피해는 고스란히 은행을 이용하는 고객이 떠안게 되는데 이들 대부분이 우리 사회의 어려운 계층이

거나 고령의 소상인이다. 그런 점에서 불법대출로 입은 고객 피해는 민생 범죄 수준이다. 반드시 법의 정당한 집행이 이루어져야 한다. 그래야 국민이 법이 살아 있음을 확인하고 국가를 신뢰하게 되는 것이다.

2011년 1월에 영업정지를 받은 부산저축은행은 금감원에서 공식적으로 통보하기 전에 이미 이 사실을 알고 은행 이용 VIP들의 예금을 인출해주었다. 상상할 수 없는 대담하고 파렴치한 불법행위이다. 당연히 엄청난 사회적 문제가 되었다.

2011년 1월에 부산저축은행(부산), 삼화저축은행(서울)을 포함해 8개 저축은행이 영업정지를 당했다. 불법대출 등 경영진의 불법행위를 조사하기 위해 대검 중수부가 투입되었다. 3월부터 시작해 11월까지 8개월간 수사를 했다. 8개 저축은행 자산은 12조6000억 원이다. 이어 9월에는 7개의 저축은행이 영업정지를 당했다. 역시 자산 규모가 11조5000억 원으로 상반기에 1차로 영업정지된 저축은행과 비슷한 규모였다.

저축은행은 일단 서민층이나 소상인을 대상으로 영업을 한다. 저축은행이 시장 근처에 많은 이유다. 한편 저축은행은 늘 불법대출의 온상으로 지목되어 오기도 했다. 제2금융권이다 보니 제1금융권에 비해 상대적으로 관리, 감독이 허술할 수밖에 없어 불법대출이 판칠 수 있는 토대가 되었던 것이 문제였다.

경영진은 고객이 저축한 돈을 자기 돈인 양 마구 유용했다. 그러다 감독의 대상이 되면 또 이를 벗어나려고 로비를 시도했고 그 대

4. 정봉주의 快

상은 정치권일 수밖에 없었다. 이것이 저축은행을 둘러싼 먹이사슬이다. 특히 부동산 PF 부실 문제가 제기되면서 많은 이들이 저축은행 문제는 경제계와 정치권을 연결하는 비리의 연결고리가 될 것으로 우려했다. 상상을 초월한 핵폭탄이 될 것이라는 우려가 MB 정권 내내 제기되었다.

검찰은 2011년 1차 영업정지와 관련해 대검찰청 중앙수사부를 투입했다. 9월의 2차 영업정지 때는 범정부 차원의 종합대처기구의 성격이라며 서울중앙지검에 합동수사단을 꾸렸다. 검찰 최정예 요원들을 중심으로 150명으로 합동수사단을 꾸렸으니 말 그대로 매머드 급이었다. 언론도 떠들썩했다.

8개월 동안 수사를 벌였던 부산저축은행이나 2차로 범정부 차원에서 수사하겠다며 떠들썩하게 진행된 중앙지검 수사나 모두 임원들 몇 명 구속한 것으로 끝났다. 저축은행 때문에 피해를 본 서민들의 울음소리도 지금은 들리지 않는다. 애당초 임원들의 불법대출 문제를 넘어 정치권 로비 문제로 번지면 대형 사고가 터지고 게이트로 발전할 것이란 전망이 있었다. 하지만 검찰과 정치권을 잘 아는 사람들은 소리만 요란할 뿐 결국은 몇몇 깃털만 쳐내고 꼬리

달려라 정봉주

를 잘라낸 채 대충 끝낼 것이라고 보았다. 결과는 예상했던 바와 같이 '혹시?'가 '역시!'가 되었다.

저축은행 문제는 명백한 피해자가 있기 때문에 비록 수사는 종결되었더라도 결코 흐지부지 끝날 사안은 아닌 것으로 보인다. 일단 부산저축은행 퇴출을 막기 위해 동원되었던 로비스트 박태규의 수상한 행적이 속 시원하게 밝혀지지 않았다. 검찰은 부산저축은행의 비리 규모가 9조 원대에 이르지만 박지원 민주당 의원이 의혹을 제기했던 소위 '박태규 리스트'의 실체는 없었다고 발표했다.

박 씨는 자신이 수사 대상이 되기 전인 4월 초에 아들이 살고 있는 캐나다로 출국했다. 이사를 가는 것으로 착각이 들 정도로 많은 짐을 가져갔다고 한다. 평소 일 년에 두세 차례 캐나다를 방문하던 때와는 사뭇 다른 모습이었다고 한다. 그리고 출국하기 전 주위 사람들에게 자신의 의지와는 상관없이 출국하게 되었다는 말을 한 것으로 전해졌다. 출국하고 며칠 뒤에 검찰의 수사 선상에 오르면서 출국금지 조치가 취해졌는데 그보다 이미 10여 일 전에 출국을 한 것이다. 보이지 않는 힘이 손을 썼든지 박태규가 신통한 예지 능력을 발휘했든지 둘 중 하나다.

귀국하는 시점에 대한 의혹도 지울 수 없다. 8월 초 MB는 단순 로비스트에 불과한 박태규를 왜 못 잡느냐며 호통을 쳤다. 그러자 검찰이 체포단을 캐나다로 출국시킨다는 둥 호들갑을 떨었다. 그

         4. 정봉주의 快

러더니 검찰 수사를 피해 출국했던 박태규가 슬그머니 자진 귀국했다.

서울시 무상급식 주민투표가 무산되고 곽노현 교육감 2억 원 제공설이 언론에 등장해 한창 시끄러울 때였다. 국민의 관심을 딴 데로 돌리려고 고의로 그런 게 아닌지 의혹이 일 정도로 절묘하게 시간을 맞춰 들어왔다. 마치 검사 10명이 정통 시사주간지 「시사IN」을 상대로 낸 항소심 판결이 있던 날 느닷없이 서태지-이지아 이혼 소송 건이 불거진 것과 궤를 같이하는 듯하다.

어쨌든 그러다 보니 실제로 국민은 별다른 관심을 갖지 못했다. 무상급식과 곽 교육감 문제에 정신이 팔려 있었기 때문이다. 게다가 검찰이 박태규가 귀국하기 일주일 전에 캐나다에 가서 입국 시간을 조율했다는 언론보도도 있었다. 자진 귀국이 아니라 검찰과 조율을 하고 귀국했다는 추정이 가능하다. 무언가 보이지 않는 힘이 작용한 기획입국일 수 있다는 지적이 나온 것도 바로 이 상황 때문이다.

출국은 검찰의 수사망보다도 빨랐고 귀국은 검찰과 사전에 일정을 조율한 뒤에 이루어졌다. 로비스트 박태규 사건 전체에 의혹을 가질 수밖에 없는 대목이다. 검찰 수사 선상에 오르기 전에 어떤 정보를 입수해 이사라도 가듯 많은 짐을 싸 출국했으며 또 누구와 사전 조율 아래 출국을 했는지, 그리고 왜 귀국 일정을 미루고 버티다가 MB 말 한마디에 급물살을 탔는지, 귀국 일자도 검찰과 조율한 흔적이 있는지, 박태규를 둘러싼 수상한 징후들이 한두 가지가 아닌 것이다.

박태규가 자유로워진다면 누군가는 불편해질 텐데 과연 그들이 누구일 것인가 하는 점도 궁금하다. 부산저축은행 사건과 관련해서 MB 측근이 줄줄이 구속되거나 검찰조사를 받았다. MB 캠프에서 법률을 담당했던 은진수, 김두우 청와대 홍보수석은 구속됐고 홍상표 전 청와대 홍보수석비서관은 검찰조사를 받았다. 측근 비리로 발전하기 전에 몇 명의 구속으로 사건을 마무리 지은 셈이다.

피눈물은 마르지 않았다

부산저축은행은 퇴출을 막기 위한 퇴출 저지 로비도 문제지만 퇴출 직전에 이런 부실 은행에 투자를 했던 것이 이 사건의 핵심이다. 다 쓰러져 가는 부산저축은행이 유상증자를 통해 삼성꿈장학재단과 포스텍으로부터 각각 500억 원씩 1000억 원의 투자를 유치했던 사실이 바로 그 내용이다. 삼성과 포스텍이 어떤 회사인가. 로비스트 말만 믿고 아무런 검증 없이 500억 원이나 되는 돈을 버리듯 투자했겠는가.

삼성의 투자에서는 박태규의 흔적이 나온다. 2010년 중반에 투자를 받기 위해 서류 뭉치를 들고 세 차례 정도 삼성을 방문했던 기록이 나왔다. 그리고 박 씨는 이 로비의 결과로 수억 원의 수고비를 받은 것으로 파악됐다. 하지만 박 씨가 아무리 유능한 로비스트

        4. 정봉주의 快

라고 할지라도 로비를 종결지으려면 정치권의 도움 없이는 절대 불가능한 것이 대한민국 실정이다. 로비라는 것 자체가 합법적으로 인정되지 않은 불법행위이기 때문에 배후에 정치권력의 도움이 없으면 불가능하다는 것이 정설이다.

삼성이라는 세계 최고의 기업이 다 무너져 내리는 부산저축은행에 500억 원이라는 거금을 투자하게 된 배경에 박태규 말고 누가 있었는가 하는 점이 부산저축은행과 정치권력의 상관관계를 밝히는 핵심이다. 그런데 검찰의 칼은 정작 중요한 이 지점을 절묘하게 피해 갔다. 정치권과 관련되었다는 사실을 밝히는 내용이 수사 결과에 포함되지 않았다는 사실이다.

다음으로 또 다른 500억 원을 투자한 포스텍과 부산저축은행과의 관계이다. 포스텍 주위에서는 박태규의 로비 흔적을 찾아볼 수가 없다. 그렇다면 포스텍은 박 씨의 로비 범위 밖에 있는 것으로 파악할 수 있다. 이 부분에 대해서는 언론 보도도 잘 나오지 않고 있다. 그렇다면 포스텍은 어떤 이유에서 부산저축은행에 투자했던 것인지 내부 감사 보고든, 검찰 수사 기록이든 뭔가 근거가 나와야 한다.

왜 투자하였는가? 다 쓰러져 가는 것이 분명했던 저축은행에, 그것도 이미 부도설이 파다하게 돌고 있던 부산저축은행에 말이다. 이것을 밝혀야 정치권력의 개입이 있었는지 단순 로비의 결과인지가 판가름 난다. 포스텍에 투자를 하도록 영향을 미친 인물은 누구인가? 부산저축은행 내부 인물인가, 아니면 로비스트인가? 로비스

저축은행 사건에서 검찰이 이상득 의원을 소환 조사하려 하자 청와대가 나섰고, 그래서 한때 청와대와 검찰이 불편한 관계에 놓인 적이 있었다는 기사 내용이었다. 소문은 여의도 정가에 파다하게 돌았다.

트라면 박태규인가, 아니면 제3의 또 다른 로비스트인가? 그리고 이 로비의 마지막에 결정타를 먹인 정치권 인사는 누구란 말인가? 검찰 수사도 여기까지는 언급하지 않았다.

그런데 포스텍이 있는 포항 지역을 기반으로 하는 이상득 의원과 관련한 의미심장한 소문이 정가에 돈 적이 있다. 2011년 중반의 일이다. 한 주간지도 이 내용을 심층 분석한 적이 있었다.

저축은행 사건에서 검찰이 이상득 의원을 소환 조사하려 하자 청와대가 나섰고, 그래서 한때 청와대와 검찰이 불편한 관계에 놓인 적이 있었다는 기사 내용이었다. 소문은 여의도 정가에 파다하게 돌았다.

이상득 의원과 부산저축은행과의 관계를 근거도 없이 단정적으로 말하기는 어렵다. 그러나 의혹은 꼬리를 문다. 포스텍의 500억 원 투자가 석연치 않을 뿐만 아니라 왜 투자를 결정했는지 설명은 어디에서도 찾아볼 수가 없기 때문이다. 가장 기이한 형태의 투자 결정이었음에도 말이다.

그런데 이 포스텍은 이상득 의원의 지역구인 포항에 위치한 재단이다. 이상득 위원이 어떤 역할을 한 것은 아닌가라는 소문이 말 그대로 소설인지 근거를 가진 것인지는 아직 밝혀진 바는 없다. 그렇지만 이런 소문이 돌고 있다면 검찰 수사의 방향도 이쪽으로 향해야 하는 것이 맞다. 상식을 가진 사람이라면 이러한 의혹을 품는 것은 지극히 당연하다. 하지만 그것이 사실인지 아닌지는 결국 밝혀지지 않은 채 검찰 수사는 종결되었다.

남은 것은 이 부산저축은행 사건으로 패가망신하고 가족까지 해체되는 등 엄청난 피해를 겪은 서민들의 눈물뿐이다. 진정한 정치권력은 국민의 눈물을 닦아주어야 한다. 분명히 그런 날이 올 수 있을 것이라 기대해본다. 다시 이 사건을 들여다볼 수 있는 시절이 온다면 말이다.

검찰이 진정으로 부산저축은행을 수사하고 정치권에 대한 박태규의 로비를 들추어 낼 생각이 있었다면 삼성과 포스텍을 피해 갈 이유가 없다. 결국 검찰의 최종 수사 결과 발표에서 정치권과의 관련성은 빠졌다. 지금은 검찰의 수사 발표를 믿을 수밖에 없지만 수사 종결은 왠지 석연치 않다. 그럼에도 이 사건을 낱낱이 파헤칠 수 있을 때가 올 것이라는 믿음을 갖고 있다. 그때까지만 피해자들이 굳은 마음을 갖고 기다려주길 바란다.

삼화저축은행 사건

MB의 조카사위 비롯한 여권 인사들 수두룩

삼화저축은행 사건에서 검찰은 2011년 11월, 정치권 로비는 실체가 없는 것으로 잠정 결론을 내렸다. 청와대 정진석 수석이 2004년 9월부터 2008년 4월까지 국회의원 신분을 유지하면서 삼화저축은행의 사외이사로 급여를 받았던 사실은 있지만 이를 정치자금으로 보지 않았다.

삼화저축은행을 들여다보면 이상한 사실을 알 수 있다.

한나라당 주변의 유력 인사들이 유독 많이 등장한다는 것이다.

일단 삼화저축은행의 신삼길 명예회장은 박근혜 전 대표의 동생인 박지만 씨와 친분이 두터운 것으로 알려져 있다. 두 사람 다 58년 생 개띠이다. 그리고 삼화저축은행과 관련된 로비스트는 이철수 씨다. 검찰은 최종 수사 결과를 발표하면서도 이철수 씨에 대해서는 언급이 없었다.

삼화저축은행을 파헤쳐 보면 삼화와 연관된 신흥 회사들이 눈에 띈다. 주가조작 등에 동원된 나무이쿼티란 회사가 그중 하나다. 2009년 7월에 설립된 이 회사에서 대통령의 조카사위, 즉 대통령의 형이며 다스의 소유자로 알려진 이상은 씨의 사위가 등장한다. 놀란 만한 일이다. 회사가 설립된 지 3개월 만인 같은 해 10월 전종화 씨(MB의 형인 이상은 씨의 사위)가 나무이쿼티의 대표이사로 취임한다. 나무이쿼티는 전 씨를 영입한 지 8일 만에 코스닥에서 당시 잘나가던 씨모텍 지분을 10.1퍼센트 사들이면서 인수한다.

인수대금은 총 300억 원이 들었는데 그중 50억 원은 삼화저축은행의 로비스트인 이철수 씨에게 빌린 것으로 알려졌고 나머지는 후에 씨모텍 자금으로 지불하였으니 돈 한 푼 안 들이고 알토란 같은 씨모텍을 인수하게 된 셈이다.

씨모텍을 인수한 뒤 MB의 조카사위인 전종화 씨는 씨모텍의 부사장으로 취임했다. 그리고 씨모텍은 2010년 4월 신주인수권부사채(BW) 150억 원을 발행한 뒤 IBK 캐피탈에서 50억 원, 삼화저축은행에서 60억 원, 경인저축은행에서 40억 원씩을 끌어들였다. 이 과정에서 MB의 보좌관 출신인 윤만석 씨가 삼화저축은행 로비스트인 이철수 씨에게 1억 원을 받은 혐의로 구속되었다. IBK 캐피탈

감사로 있으면서 IBK 캐피탈이 신주인수권부사채 50억 원을 사들이게 했다는 것이다.

증권가 주위에서 한 번이라도 근무한 사람이라면 이 과정이 전형적인 돈 빼돌리기 과정이라는 것을 알 수 있다. 신흥 회사를 설립한 회사는 정치권 유력자나 실력 있는 자를 영입해 투자자들을 모아서 몸집을 키우고, 또 그 신흥 회사로 잘나가고 있는 코스닥 등록 회사를 기업 사냥으로 인수한 뒤 또 다른 투자를 유치하면서 돈을 빼돌리는 과정이다. 전형적인 돈 빼돌리기 수법이다.

나무이쿼티는 이렇게 몸집을 키운 뒤 또 230억 원을 들여 제이콤을 인수했다. 그리고 마지막 과정으로 이 제이콤을 통해서 삼화저축은행을 인수하려 했던 것이다. 그런데 이것이 불발로 그치면서 마지막 과정, 즉 삼화저축은행을 인수하려 했던 꿈은 무산된 것이다.

이렇게 사채를 발행하고 회사를 인수하고 돈을 빼돌리는 과정에서 MB의 조카사위가 어떠한 역할을 했는지는 드러나지 않았지만 증권가에서 유력자의 존재가 얼마나 힘을 발휘하는지는 알 만한 사람들은 다 안다. 이런 과정 등을 거치면서 씨모텍과 제이콤을 둘러싼 1000억 원이 증발해버렸다. 소액투자자들이 피해를 보게 된 것이다. 이 과정에서 삼화저축은행을 인수하기 위해 작전을 짜던 회사에 MB의 조카사위가 나타난 일은 주목할 만한 대목이다.

삼화저축은행을 둘러싸고 또 다른 여당 정치권의 유력 인사들이 대거 등장한다. 삼화저축은행의 명예회장인 신삼길과 박근혜 전 대표의 동생인 박지만 씨가 절친한 관계임은 앞에서 말한 바 있다. 더구나 박지만 씨의 부인 서향희 씨가 대표변호사로 있는 법무법인 주원은 삼화저축은행의 법률 자문을 2년간 맡고 있었다.

신 회장과 박지만 씨와는 절친 관계이고, 박지만 씨의 부인이 신 회장의 법률 자문 역을 맡았다면 상당히 친밀한 관계라는 것을 알 수 있다. 회사 운영에서 가장 중요한 법률 자문을 박지만 씨의 부인이 맡았다는 것은 대단히 의미심장한 사건이다.

박근혜 전 대표가 신삼길 씨와 박지만 씨가 상당히 가까운 친구 관계였다는 것을 어떻게 생각하느냐는 기자들의 질문에 신경질적인 반응을 보인 것도 그냥 허투루 넘길 일만은 아니다. 게다가 청와대 정진석 정무수석도 신삼길 명예회장과 친밀한 관계이며 신삼길, 박지만, 정진석, 이렇게 세 명이 자주 어울렸다는 민주당의 주장을 정치권에서는 더욱 의미 있는 일로 받아들이고 있다.

즉, 친이명박계의 상징인 청와대 수석과 박근혜 전 대표의 친동생이 친분이 깊은 관계라고 했을 때 과연 친이, 친박이 정치적으로 대립하는 것으로 비쳐지는 것을 과연 어디까지 믿을 수 있을 것인가.

　　　　　　　　　　　　　　　　　　　　　　　

삼화저축은행을 둘러싼 정치적 관계는 이것이 끝이 아니다. 박지만 씨는 자신의 비서실장인 정용희 씨를 KMDC의 이영수 회장(전 국민성공실천연합 대표, 전 한나라당 청년위원장)이 출범시킨 격투기 단체 KF-1의 이사로 참여시키면서 이영수 회장과 연결 고리를 갖는다. 이영수 회장은 태권도 선수 출신으로 알려져 있다.

한나라당 홍준표 대표는 대한태권도협회장을 맡고 있다. 홍 대표는 이영수 KMDC 대표가 미얀마에서 개발권을 따낸 천연가스전과 관련해 2011년 5월 한 차례 미얀마를 방문하기도 했다고 한다. 요컨대 삼화저축은행은 박지만, 이영수를 연결 고리로 한나라당 홍준표 대표와도 관련이 있는 것이다.

사적으로도 홍준표 대표와 이영수 회장이 상당히 친밀한 관계라는 것은 한나라당 주위에 파다하게 알려진 사실이기도 하다. 이를 증명이라도 하듯 이영수 회장의 KMDC 미얀마 현지에서 실장으로 근무하는 최 모 양은 한때 홍준표 의원실에 근무했다는 언론 보도가 있기도 했다.

이런 관계 속에서 민주당 우제창 의원은 삼화저축은행 신삼길 명예회장의 불법 자금 24억 원이 이영수 회장을 통해 2010년과 2011년, 한나라당 전당대회에 전달되었다는 제보를 받았다고 주장하기도 했다. 이를 확인하려고 경향신문의 한 기자가 홍준표 대표에게 이 내용을 물었다. 홍 대표는 "너 진짜 맞는 수가 있다"라며 발끈해 이 사건의 흐름 선상에 그가 있다는 것을 추정할 수 있다. 정치권에서 이렇게 연결 고리를 확인했는데도 검찰 수사에서는 삼

화저축은행과 정치권의 관계에 대해 아무것도 밝혀진 것이 없다고
발표했다.

검찰은 모든 조사 내용을 발표했을까

삼화저축은행을 둘러싸고 이처럼 많은 여권 인사들의 이름이 거
론된다는 것은 무언가 이상한 낌새가 있을 수도 있다. 한쪽으로는
MB의 조카사위가 있는가 하면 다른 한쪽으로는 박근혜 전 대표의
동생 박지만 씨, 이영수 KMDC 대표, 그리고 홍준표 대표의 이름
까지 거론될 정도로 복잡하다. 아마 검찰의 수사망에도 다 걸렸을
것으로 추정된다.

　저축은행 사건들 중 부산저축은행, 삼화저축은행, 보해저축은행
에 대한 수사 결과는 2011년 11월에 발표되었다. 처음에 호들갑을
떨면서 범정부 차원의 수사기구를 구성하고 엄벌에 처하겠다고 경
고한 것에 비하면 너무나도 실망스러운 결과였다. 그렇다고 도사 소
리까지 듣는 내가 이런 결과를 예측하지 못했을 리는 없다.

　그런데 저축은행 문제가 부산, 삼화 이 두 개로 끝나겠는가? 또
다른 저축은행의 비리도 크게 다르지 않을 것이다. 만일 저축은행
비리를 검찰이 모두 조사하고 조사 결과대로 처벌의 수위를 높인
다면 정치권이 바짝 긴장할 것이다. 하지만 광범위하게 저축은행을
수사한 뒤에 발표한 결과는 실제 수사한 내용과 많이 다를 수도 있

　　　　　　　　　　　　　　　　　　　　　　　　　　　달려라 정봉주

을 것이라는 가정을 해본다. 수사는 하되 그 수사 내용을 반드시 다 발표할 이유는 없다. 적어도 검찰 입장에서는 말이다. 그저 든든한 보험 들어놓은 셈 치는 것이다.

삼화저축은행 사건을 보면 정치권에 대해 많은 생각이 든다. 정말로 어마어마한 복마전이다. 영원한 적도 동지도 없다는 것을 다시 한 번 실감한다. 겉으로는 친이, 친박이 서로 죽일 듯이 싸우지만 과연 하나의 저축은행을 두고 친이, 친박, 그리고 독자 계보인 홍 대표의 이름까지 거론되는 것을 보면 일반 국민의 입장에서는 의아할 것이다. 물적 이해가 만나는 곳에서는 여지없이 사이좋게 이름이 나온다. 정치적으로 아무리 대립되어 있다 해도 금전적 혹은 재정적 이해가 일치하면 정치적 입장 차이는 그리 중요하지 않다는 의미로 해석될 수 있는 대목이다.

이런 모습을 보면 '욕망의 도가니'에서는 정치적 이해도 눈 녹듯이 녹아내리고 사이좋게 '검은 커넥션'을 이어가고 있는 것은 아닌가 하는 '추정'도 해볼 수 있다. 사실이 아니기를 바랄 뿐이다.

'욕망의 도가니' 속에서는 안타까운 피해자의 한스러운 원망조차 다 사라지는 것을 보여준 것이 삼화저축은행 사건이다. 정치권 연결 고리를 찾아야 할 수사는 언제든지 다시 할 수밖에 없다. 왜냐하면 엄청난 수의 피해자가 존재하고 있는데 가해자가 다 밝혀지지 않은 것으로 판단되는 사건이기 때문이다. 이런 사건은 가해자를 찾아낼 수 있는 한 샅샅이 찾아내야 종결된다.

입장을 바꿔놓고 생각해보자. 당신이 내 삶을 온통 도둑맞은 피해자라면 여기에서 멈추고 싶겠는가. 거기에 대답이 있다. 그 피해자들의 원망에 해답이 나오기 전까지 부산·삼화저축은행 사건의 결과 발표는 어디까지나 '중간 결과 발표'에 불과하다. 적어도 피해자와 이 사건을 석연치 않게 생각하는 국민 입장에서 본다면 말이다.

자원을 담보로 한 꼼수 외교

우리나라처럼 자원을 외국에 의존하는 나라 입장에서 자원 외교는 말할 수 없을 정도로 중요하다. 우리 국민의 미래 생존을 담보할 정도다. 국가와 국민의 미래에 자원 문제는 국민의 먹을거리 문제만큼 중요하다.

그런데 MB 정부 들어 자원은 정권의 홍보수단으로 전락했다. 그러다 보니 무리수를 남발한다. 양해각서 체결을 앞두고 대통령까지 중동으로 날아가 본계약이라도 맺은 양 과대 포장해서 국민들을 호도하고 우리나라에 불리한 자료는 숨기기 급급하다.

또, 국익이 달린 자원 외교를 이용해 사사로운 돈벌이에 악용된다는 의혹도 있다. UAE 원유 우선협상권이나 미얀마 천연가스전, 카메룬 다이아몬드 광산 채굴권 등 온통 의혹투성이이다. 뭐 하나

명확한 게 없다.

아이들 우유나 분유, 혹은 과자 같은 것에 공업용 첨가물을 넣는 것처럼 먹을거리로 장난치는 비양심적 업체들에 대해서는 응징해야 한다며 국민들은 분노한다.

국가의 미래가 걸려 있는 에너지 문제로 장난을 치거나 개인의 돈벌이 수단으로 삼는 것은 아이들 먹을거리로 장난치는 것과 마찬가지다. 자원으로 장난치는 정권에 대해서 국민들은 결코 용서하지 않을 것이다. 그것은 정권의 임기와 무관하게 역사의 기록으로 고스란히 남을 것이기 때문이다. 응징이 필요하다면 그때가 빠르든 늦든 무슨 상관이겠는가. 결국은 받고 말 텐데.

뻥튀기 홍보의 진실

UAE 원유 '우선협상권' 확보의 실상

자원 외교는 MB 정권이 가장 자신 있게 강조하고 홍보하는 업적의 하나이다. 그런데 이 자원 외교가 과연 실제 결과를 낳은 것인지, 진짜 자원을 확보하기는 한 것인지, 아니면 국민이 잘 알 수 없는 분야이기 때문에 그냥 허풍 떠는 홍보만 하고 만 것인지 국민은 알 길이 없다.

국민은 답답하다. 정부 측 발표만을 믿을 수밖에 없고 언론이 권력에 장악된 상태인데다 보수 언론 일색인 언론 환경에서는 제대로 된 보도를 접하기 어렵기 때문이다. 만일 보도되는 내용과는 달리

자원 외교의 실제 결과가 부풀려졌다면 문제가 심각해질 수 있다. 국가 간 자원 외교를 두고 결과를 예측할 수 없다는 것은 말이 안 된다. 하지만 결과가 어떠할지, 만일 정확한 결과를 예측할 수 없다면 성공 가능성의 확률이라도 예측할 수는 있을 것이다.

자원 외교의 결과가 좋으면 문제가 없겠지만 만일 결과가 좋지 않다면 원인은 이럴 것이다. 해당 국가에게 속았을 가능성이 하나, 결과가 없을 것을 뻔히 알고서도 마치 있는 듯이 그럴듯하게 포장했을 가능성이 또 하나다. 속았다면 무능한 정권이고 그럴듯하게 포장했다면 국민을 속이려 한 것이다. 어느 경우도 책임을 피해 갈 수 없다.

현 정권 들어와 자원 외교는 그 업적 홍보에 사활을 걸기라도 한 듯 눈에 많이 띈다. 해외에서 이루어진 것이기 때문에 정보를 의도적으로 닫으려 하면 접근하기가 쉽지 않다. 그럼에도 정보를 완전히 닫아버리기에는 한계가 있다. 왜냐하면 업적 홍보를 해야 하기 때문이다. 그러다 보면 제한적으로만 정보를 열려 해도 결국 어느 지점에서 허점이 드러나게 된다.

MB 정권의 홍보는 특색이 있다. 큰 성과를 홍보할 때는 MB가 참지 못하고 달려간다. 자원 외교도 마찬가지이다. 대표적인 자원 외교 성공 사례로 제시하는 것이 2011년 초에 발표된 아랍에미리트(UAE) 유전 확보다. 역시 MB가 직접 달려간 대표적인 사례다.

정부는 사상 최고의 원유를 확보했고 불가능한 일을 MB 때문에

4. 정봉주의 快

극적으로 해냈다고 대대적으로 홍보했다. 노무현 정부 당시의 석유가스자주개발률(수입하는 석유·가스 중 우리나라 기업들이 실제 확보할 수 있는 양의 비율) 4.7퍼센트에서 15퍼센트대로 끌어올렸다면서 엄청난 쾌거라고 홍보했다. 말할 것도 없이 조·중·동 보수 언론들은 극찬을 아끼지 않았다.

'한국 유전 개발, 프리미어리그 진출', 'MB 비밀문서가 UAE 왕세자 마음을 움직였다', '석유 메이저 따돌리려 007 작전', '에너지 담당자 아닌 미래 전략가들이 특사로 뛰었다'는 표현으로 에너지 외교정책의 승리라고 극찬을 했다. 호들갑도 이런 호들갑이 없어 민망할 정도였다.

MB가 UAE까지 날아가서 직접 왕세자와 사진을 찍는 등 대대적으로 홍보하면서 체결한 것은 두 가지다. 첫째는 향후 최소 10억 배럴 이상 대형 생산 유전에 참여할 수 있는 권리인 조광권과 미개발 유전광구 3개에 대한 광권 독점권이다. 그런데 이것도 본 계약이 아닌 MOU를 맺은 것이다. 굳이 사업을 해보지 않아도 다들 알고 있다시피 MOU는 양측 간 양해 각서다. 계약서가 아닌 것이다.

본 계약으로 넘어가지 않아도 아무런 법적, 경제적 책임을 지지 않는, 말 그대로 '잘 해보자'는 이해 차원의 수준이다. 사업을 해본 분들은 잘 알겠지만 양해 각서가 국제 거래 관계에서 본 계약으로 넘어가지 않는 경우는 비일비재하다. 그래서 양해 각서를 맺는 것을 두고 사업 성과라고 하기에는 과장된 측면이 있는 것이다. 사업가들 사이에서 국내에는 잘 알려지지 않은 양해 각서 한 장 달랑 들고서 투자자 유치를 하는 경우를 쉽게 만난다. 십중팔구는 사기라는 것을 알 만한 사람은 다 안다. 현 정권은 이렇게 맺은 MOU에 근거해서 자주 개발률을 15퍼센트대로 끌어올렸다고 홍보했다.

그렇다면 이 홍보는 사실일까. 한번 추적해보자.

UAE에는 73개의 광구가 있는 것으로 알려져 있다. 이들 중 10억 배럴 이상이 묻혀 있을 것으로 조사된 곳은 여섯 군데이다. 총 73개 광구 중 30개의 계약은 2014년에 끝난다. MB 정권은 이 중 한 곳 이상에서는 우리가 참여할 수 있지 않겠느냐는 기대감을 갖고 있다. 그리고 이 희망과 기대감을 15퍼센트 자주개발률에 포함시켰다. 현재 이 6곳의 대형 광구에 대한 조광권은 세계 최대 메이저 석유회사들인 엑슨모빌, BP(Beyond Petroleum), 쉘, 토탈 등이 갖고 있다. 그리고 또 이 광구의 지분 중 60퍼센트는 UAE 국영석유회사가 보유하고 있다. UAE 국영석유회사의 지분 60퍼센트를 뺀 나머지 지분 40퍼센트를 세계 메이저 석유회사들이 나눠 갖고 있는 것인데 이 양이 각각 33.6억, 20억, 14억, 6억, 4.8억, 3.9억 배럴인 것이다.

MB 정부의 발표를 되새겨보자. 무언가 앞뒤가 맞지 않는다. 정부에서 유전개발을 책임지는 부서는 지식경제부의 에너지자원실이다. 그런데 UAE 유전 MOU 체결과 관련해서는 에너지자원실이 아닌 청와대의 미래기획위원회(위원장 곽승준)에서 주도했다. MOU 체결 내용이 보도되면서 지경부와 미래위원회가 각각 기자회견을 했는데 이상하게도 서로 내용이 다르다.

김정관 에너지자원실상은 UAE와 맺은 MOU는 "10억 배럴 이상의 대형 유전에 참여할 수 있는 '우선권'을 주는 것이지 10억 배럴을 확보했다는 의미는 아니다"라고 말했다. 하지만 곽승준 위원장은 UAE 현지에서 기자회견을 갖고 "한국이 무조건 100퍼센트를 확보한 유전"이라고 발표했다.

조금 자세히 들어갈 필요가 있다. 김정권 에너지자원실장은 "2014년에 계약 기간이 종료되는 석유 메이저 업체와 UAE가 먼저 협상을 하다가 깨지면 한국이 협상 우선권을 갖는 MOU 체결"이고 그렇기 때문에 한국에 기회가 오지 않을 가능성이 높다는 것이다.

반면 곽승준 위원장은 "기존 계약을 맺었던 메이저 석유회사들은 계약이 만료되면 다시 재계약을 할 수 없다"고 단언했다. 그렇기 때문에 대형 유전에 참여할 수 있는 우선권을 확보한 것이 곧 '10억 배럴을 확보한' 것이라는 해석이다. 하지만 이러한 해석은 계약 관계의 기본을 이해하지 못하는 것이다.

정리하면 이렇다. 2014년 메이저 석유회사들이 갖고 있는 조광권 계약이 종료되면 UAE는 먼저 해당 회사와 재협상에 나선다. 그런데 해당 회사들과 '재계약이 안 되면' 우리나라와 협상을 할 수 있는 '우선협상권'을 주기로 MOU를 체결한 것이다. 그리고 그렇게 해서 조광권을 따내게 되면 UAE 국영회사 지분을 뺀 나머지 40퍼센트에 '컨소시엄'으로 참여할 수 있다는 MOU를 체결한 것이다.

우선, 조광권에 대한 계약이 끝나고 이들 메이저 회사들이 재계약을 원하지 않는다면 UAE는 다른 나라와 협상을 해서 계약에 나서야 하는데 우리나라가 '우선으로 참여할 수 있는 기회'를 잡았다는 것이다.

그런데 이들 메이저 회사들은 어떤 회사인가? 미국계 회사인 엑슨모빌은 2009년 석유업계 매출 1위 업체이다. 연매출 310조 원에 이른다. 거의 우리나라 1년 예산에 육박한다. 영국계 회사인 BP는 역시 같은 해 매출 246조를 기록하면서 업계 세계 2위의 자리를 지켰다. 역시 우리나라 1년 예산의 60퍼센트에 해당하는 규모다. 세계 석유시장을 장악하고 있는 이런 회사들이 상업성이 가장 높은 곳의 하나로 평가되는 UAE 개발권을 포기할 것인가? 가능성은 제로에 가깝다.

이들 메이저 업체들이 재계약을 포기할 가능성도 없지만, 설사 이들이 포기해서 우리나라가 우선협상권을 갖게 된다고 할지라도 우리나라 석유공사의 업계 순위는 77위에 불과하다. 계약 가능성이 희박하다는 것을 충분히 짐작케 하는 순위이다. 상황이 이렇다는 것을 현 정권에서도 인정했다.

우리나라의 에너지 문제를 책임지고 있는 지식경제부 김정관 에너지자원실장은 10억 배럴 이상의 대형 유전에 참여할 수 있는 권리가 배타적 권리냐는 질문에 대해 "배타적 권리는 아니다"라고 말하면서 "기존 조광권 계약 업체에서 UAE와 재계약을 원하면 그 업체들과 계약이 될 것"이라고 밝힌 것이다. 따라서 우리가 맺은 MOU에 근거한 우선협상권이란 말은 앞뒤를 정확히 따져본다면 현실성이 없는 얘기다.

우선협상권은 오히려 우리가 아닌 석유 메이저 업계가 갖고 있는 것이다. 만일 이들이 포기할 경우 그때 비로소 우선협상권이 우리에게 주어질 수도 있다는 것을 뜻한다. 이런 상황인데 대통령은 UAE까지 날아갔다. 어떤 사람들은 내가 삐딱하게 보니까 그렇게 보일 것이라고 생각할지도 모른다. 하지만 객관적으로 그렇다. 내 생각을 얘기한 게 아니라 정부 공무원이 그렇다지 않는가.

그리고 특히 자주개발률은 현재 시점에서 확보할 수 있는 석유·가스의 양을 기준으로 하는 게 상식인데도 정부는 아직 확보하지도 않은 양까지도 계산에 넣고 있다. 다행스럽게도 현 정권의 주장처럼 된다고 해도 석유·가스를 2014년부터 확보하기 시작할 수 있고 만일 그때 전체 수입량이 늘면 자주개발률은 더 낮아질 수도 있다. 지금 자주개발률을 논하는 것 자체가 어불성설이라는 것이다.

그런데 이런 상황인 줄 뻔히 알고 있는 정부 역시 자주개발률을 급하게 발표하면서 노무현 대통령 시절의 그것과 비교한다. 노 대

　　　　　　　　　　　　　　　　　　　　달려라 정봉주

통령의 업적은 깎아내리고 자신들 업적은 높이려는 수작이다. 내용이 이 정도까지라면 국민은 그 결과에 대해 명확히 이해할 것이다. 결국 그렇게 호들갑을 떨었던 'UAE 유전 우선협상권'은 현실성 없는 얘기로 국민을 현혹시키는 것에 불과했다는 의혹을 지울 수 없다.

미개발 광구 독점권 확보

한편에서는 즉각 MB가 참지 못하고 직접 UAE까지 날아가서 MOU를 맺은 것이 영양가가 없다는 평가가 나왔다. 그런데 이와 동시에 미개발 유전 광구 3곳에 대한 광권개발권을 획득했으며 우리가 지분 100퍼센트를 모두 소유한 것이라는 사실도 발표했다.

광권개발권은 '탐사권'을 획득한 것에 불과하다는 것이 업계의 지적이다. 탐사를 해서 유전을 찾아내고 생산해서 상업성을 획득하는 과정으로 연결될 가능성은 대단히 희박하다. 우리나라도 박정희 정권 시절 제주도 남단 제7광구에서 탐사를 시작해 엄청난 국민의 혈세를 낭비하고 무위로 끝난 경험이 있다.

심지어는 영화로 만들어질 정도로 호들갑을 떤 '탐사'였다. 정권 유지 차원에서 '사기극'을 벌인 것인지 아니면 진짜 탐사를 한 것인지는 모르지만 '탐사권'은 이처럼 따냈다고 바로 상업 생산으로 이어질 확률이 거의 없는 일장춘몽에 불과한 것이다.

          4. 정봉주의 快

비근한 예로 이라크 광구 탐사권 확보를 들 수 있다. MB 정권은 2009년 연말 기자회견을 갖고 '크리스마스 선물'이라며 이라크 바지안 광구 탐사권 획득을 발표했다. 시추 성공률이 높다면서 자주개발률의 '마의 벽'인 10퍼센트를 돌파하겠다고 공언했다. 그러나 2년의 시간이 지난 뒤에도 이라크 바지안에서는 아무런 소식도 들려오지 않고 현 정권도 더 이상 바지안 광구에 일언반구 없다.

오히려 이곳에 막대한 탐사 비용을 투자한 석유공사의 부실만이 더욱 심화되었을 뿐이다. 호들갑 떨던 바로 그 광구의 '탐사권 획득'이라는 업적에 취해 늪에 빠져버린 것이다. 아니 국민을 자원 외교에 취하게 하려다 자신들이 늪에 빠져버렸다고 하는 것이 더 적절한 표현일 것이다. 이처럼 '탐사권 획득'이란 것은 크게 홍보할 일은 아니다.

그런데 더 기가 막힐 일은 이 3개의 미개발 광구의 하루 최대 생산량을 3만5000배럴로 잡고 자주개발률을 15퍼센트로 계산했다는 것이다. 쉽게 설명하면 동네 구멍가게 하나 계약해놓고 물건도 들여놓지 않은 상황에서 한 달 수익을 자기 마음대로 2억 원 정도로 계산해서 앞으로의 생활수준을 계산한 것과 같다. 참으로 어이

  달려라 정봉주

없는 얘기다.

　독점 개발권을 얻은 3개 유전광구의 개발이 실제로 이루어질지도 불투명하다. 물론 되면 좋다. 좋은 정도가 아니라 큰 경사이다. 석유 한 방울 나지 않는 나라가 외국에 투자를 해서라도 석유를 채굴할 수 있다면 얼마나 좋은 일이겠는가.

　하지만 UAE 측은 1970년대에 이 광구들에 석유나 가스 등 자원이 존재한다는 사실을 알고도 경제성이 없어 개발을 미루어왔다. 우리 정부는 지금까지 UAE 측의 과거 자료를 검토하는 '기술 평가'만을 실시한 것으로 알려졌다. 한국석유공사 측은 "경제성을 따져보는 상업 평가 등 절차가 많이 남아 있어 실질적인 개발로 이어질지는 미지수이다"라고 설명했다. 그리고 실제 개발이 이루어진다 해도 기존 광구들의 경험으로 비추어 볼 때 개발로 얻은 이익에서 최소 60퍼센트 이상은 UAE 국영석유회사의 몫이 된다.

　경제성 때문에 개발이 미루어지고 있던 광구에서 '기술 평가'라는 가장 기초적인 검토를 진행하고 있으며, 설사 개발된다고 해도 우리가 보유하는 비율이 40퍼센트를 넘을 수 없는 유전의 탐사권을 따낸 것을 갖고 어떻게 하루 3만5000배럴 생산을 계산한 것인지 도저히 이해할 수가 없다.

　해외에서 외국과 이루어진 계약이기 때문에 국민이 확인하기 어려워 자기들 마음대로 발표한 것이라면 국민을 봉으로 여긴 것에 지나지 않는다. 일각에서 '자원 외교 사기극'이라며 격하게 비판하

　　　　　　　　　　　　　　　4. 정봉주의 快

는 것도 바로 이러한 이유 때문이다.

MOU 문서를 공개하지도 않고 국민에게 정확한 정보를 제공하지 않는 것을 국민은 이해하기 힘들다. 그리고 이런 성과를 홍보하기 위해 MB 정부가 한 일이라고는 국익에 반하는 행동들뿐이다. UAE와 MOU를 맺는 대가로 한국 정부는 UAE의 원유 600만 배럴을 국내 비축기지에 보관해주는 것을 무료로 해주기로 했다고 한다.

2011년 현재 석유공사가 운영하는 전국 9개 석유비축기지에는 외국계 정유회사 등이 맡긴 원유가 4000만 배럴 정도가 있다. 이를 통해서 얻는 보관 수수료는 한 해 1000억 원 정도가 된다. UAE 측이 맡기기로 한 600만 배럴의 보관 수수료는 2010년 기준으로 본다면 1년에 150억 원, 3년간 450억 원 정도가 된다. 성사 가능성도 불투명한 MOU 문서 달랑 한 장 얻고, 경제성 없는 광구개발권을 얻는 대가로는 엄청난 손실이다. 그런데 한발 더 나간다.

MB 정권은 이 600만 배럴을 "유사시 우리가 쓸 수 있다"면서 "전략 비축유 구매 비용 7000억 원을 절감할 수 있다"고 주장하고 있다. 듣기에 따라서는 비상 상황에서는 이 원유를 우리가 무상으로 쓸 수 있다는 뉘앙스이다.

그런데 실무를 맡고 있는 석유공사 측은 "비축기지 원유는 비상 상황 때 우리가 쓸 수는 있지만 정상적인 금액을 지불하고 사야 한다"고 밝혔다. UAE와 관련된 정부와 석유공사의 주장이 엇박자로 간다고 해도 정도가 지나치다.

　양측의 주장이 180도 다르다면 둘 중 하나는 거짓말을 하고 있는 것이다. 진정으로 자원을 확보하기 위한 노력보다 국민에게 보여주기 위해 정권 홍보 차원의 성과에 집착한 나머지 '원전 수주량', '원유 확보량' 등을 강조하기 위해 사실과 다른 내용을 발표했다는 비난을 피할 수 없게 되었다.

4. 정봉주의 快

청년들의 당당한 요구

대학등록금 문제 해결은 분명 시급한 문제이다. 철학의 문제이고 의지의 문제이다. 수익자 부담의 원칙? 맞다. 더 많은 기대수익을 위해 대학을 갔으면 혜택을 보는 사람이 돈을 내는 게 맞다.

그렇다면 대학에 간 학생들만 지위가 높아지고 수익이 증가하는 가? 그들이 대학을 졸업하고 활동을 하게 될 사회는 전혀 수익이 생기지 않는가? 이것은 분명 철학의 문제이다. 우리나라가 지금만 큼이라도 발전한 요인 중 가장 큰 것은 교육일 것이다. 대한민국의 교육열이 얼마나 대단하면 미국의 오바마 대통령이 기회 있을 때마다 언급하겠는가. 그럼에도 언제까지 학생들에게만 수익자 부담의 원칙을 내세울 것인가.

등록금 문제로 더 이상 청년 세대들을 괴롭혀서는 안 된다. 공부해야 할 때 아르바이트하는 청년들에게 미래가 밝을까? 자라나는 세대에게 고통을 주는 사회는 더 이상 청년들이 믿고 따라야 할 보금자리가 아니다. 고통을 주는 사회에 반대한다는 목소리를 분명하게 낼 때 청년들에게 가장 시급한 '나의 문제'가 해결되는 것이다.

대학등록금

교육 철학 없는 정권

MB 정권의 대학등록금 정책을 한 번에 알 수 있는 조치들이 있다. 대학 반값등록금에 대한 입장, 취업 후 학자금 상환제(ICL) 등으로는 MB 정권의 대학정책을 명확히 알 수 없다. 교육과학기술부(이하 교과부)가 선택한 조치를 봐야 MB 정권의 대학정책을 극명하게 알 수 있다.

교과부는 관선 이사 체제로 있던 원주 상지대와 서울 광운대, 세종대를 원래 설립자에게 돌려주기로 결정했다. 이들 학교의 원래 설립자는 수백억 원대의 학교 교비 및 재단의 재정을 횡령, 유용했다는 혐의를 받고 사법 처리를 받았다. 학교는 관선 이사, 즉 국가

관리 아래에 있던 학교들이다.

그런데 어이없게도 MB 정권은 이런 학교를 원래 설립자에게 되돌려주기로 결정한다. 법적 처벌을 받기까지 한 사람들에게……. 여기에 대학을 바라보는 MB 정권의 입장이 있다. 이들이 유용하거나 빼돌린 교비는 학생들이 낸 등록금이었다. 이들이 수백억 원대의 돈을 빼돌리는 동안 대학의 등록금은 천정부지로 치솟고 있었다. 적어도 학생들의 등록금 문제에 깊은 성찰과 고민이 있다면 학생들이 낸 등록금을 빼돌려 법적 처벌까지 받은 이들에게 학교를 되돌려줄 수는 없는 것이다. 이런 행태를 보면 대학등록금 문제를 보는 현 정권의 '개념 상실'을 적나라하게 알 수 있을 것이다.

대학등록금 문제는 우리 사회의 단골 이슈였다. 2000년대 초에는 이른바 '개나리 투쟁'이라고 하여 개나리 꽃 필 무렵에 투쟁이 시작되어 개나리 꽃 질 무렵이면 시들해지는 등록금 인하 투쟁이 몇 년간 이어졌다.

말 자체도 쓸쓸한 개나리 투쟁은 적극적으로 참가했던 학생 지도부만 징계, 제적 등 처벌을 받을 뿐 얻는 것이 없자 점차 시들해졌다. 2007년 대선과 2008년 총선을 거치면서 정치권에서 '반값등록금'을 약속하자 이를 이행하라고 요구하면서 2010년과 2011년 다시 등록금 문제가 사회적 이슈로 급부상했다.

대학등록금 인하나 반값등록금, 혹은 등록금 후불제를 요구하면서 대학생들은 자괴감을 느낀다고 한다. 대답 없는 기성세대, 대학,

그리고 정치권에게 구걸하는 듯한 모습으로 비쳐지기 때문이다. 그러나 대학생의 대학등록금 인하 요구는 지극히 정당하다는 것을 알아야 한다. 분명한 철학적 입장과 배경을 가지고 있으며 사회적 차원에서도 마찬가지이다.

우리나라 대학등록금 제도의 기본정책은 수익자 부담 원칙이다. 수요자가 자신의 수익과 가치를 높일 요량으로 대학교육, 즉 고등교육을 받기 때문에 수익자가 교육비를 부담해야 한다는 것이다. 이 과정에서 정부와 사회는 최소한의 책임만 진다. 바로 이 점에서 교육정책에 대해 철학의 부재를 실감한다.

국민은 고등교육을 받음으로써 더 높은 급여를 기대할 수 있다. 그런데 개인의 수익만 높아지는 것은 아니다. 고등교육을 받은 사람들이 사회에 많을수록 그 나라의 국가 경쟁력은 높아질 것이라고 기대할 수 있다. 개인의 급여가 높아지는 것은 '사적 수익률' 개념이고 국가 경쟁력이 높아지는 것은 '사회적(공적) 수익률' 개념이다. 국가는 개인인 수익자와 똑같은 수익자가 되므로 등록금에 대한 책임이 있게 되는 것이다.

2000년대 중반 미국에서 측정한 사회적 수익률은 사적 수익률보다 조금 높았다. 국가가 개인보다 더 많은 수익을 올렸다는 것이

달려라 정봉주

다. 유럽의 경우는 이런 현상이 더 심해 사회적 수익률이 개인이 얻는 사적 수익률보다 두 배가량 높은 경우도 있다.

등록금 수익자 부담의 원칙, 국가도 수익자

대한민국의 국가 경쟁력이 높아진 이유, 즉 국가의 사회적 수익률이 상승한 것도 고등교육을 받은 국민의 비율이 높아진 측면이 많을 것이다. 바로 이런 점에서 대학등록금에 대한 책임은 개인도 져야 하지만 국가도 동등하거나 더 많이 져야 한다는 근거가 되는 것이다.

안타깝게도 우리나라는 이런 사회적 수익률을 측정하지 않고 있다. 더 정확하게 말하면 사회적 수익률이라는 개념 자체가 정부 내에 아예 없다. 철학의 빈곤이다. 2005년도 현역 시절 대정부 질문에서 사회적 수익률에 대해 물었던 적이 있다. 당시 정부의 대답은 사회적 수익률 측정 통계에 개념도 결과도 없다는 것이었다. 대학 등록금 문제를 어떻게 접근하고 해결할 것인지 가장 근본이 되는 철학 자체가 없던 것이다. MB 정권 들어서는 말할 것도 없다. 그러니 등록금에 대한 정책이 있을 수 없고 '탐욕스러운' 사학 재단의 요구에 이리저리 끌려 다니게 되는 것이다.

대학의 등록금 문제는 나의 예리하고 치밀한 지적으로 적어도

        4. 정봉주의 快

절반 이상의 책임은 국가에 있다는 것이 드러났다. 그러면 등록금 해법을 어떻게 찾을 것인가가 문제이다. MB 정권과 한나라당이 약속한 것은 반값등록금이다. 이것은 근본적인 해결책은 아니지만 일단 이 고통의 늪에서 벗어나기 위한 하나의 트랙은 된다.

반값등록금은 시행하기 전에 전제가 있어야 한다. 무조건 반값등록금이 아니다. 반값등록금을 하면서 이것을 만족도가 높은 등록금 정책으로 만들기 위해서는 등록금 상한제, 즉 등록금 인상 제한을 전제로 하고 시작해야 한다.

만일 지금 당장 반값등록금 해놓고 매년 20퍼센트씩 인상시키면 5년 뒤에는 등록금이 마찬가지가 된다. 그렇게 되면 원래의 상태로 회귀하는, 아무 의미 없는 반값등록금 정책이 되는 것이다. 오히려 등록금 문제를 해결한다면서 되레 '꼼수'로 비쳐질 수 있다. 그래서 등록금 인상 제한을 전제로 같이 묶어야만 반값등록금이 의미가 있다.

이 문제를 이미 5년 전인 2006년에 국회에서 제기했었다. 당시 국회에 제출한 내용은 "전년도 3년간 물가 인상률과 비교해 1.5배 이상으로 등록금을 인상하고자 할 경우 교과부는 이를 검증한 뒤 결정해야 한다"는 것이었다. 검증의 내용은 물가 인상률의 1.5배가 넘게 등록금 인상을 해야 할 필요가 있을 경우에는 이를 교과부에 통보한 뒤 '등록금 책정위원회'를 구성해 학교 재단, 교직원 대표, 학생 대표, 교과부 관계자, 외부 인사 중 경영 자문가 등이 위원회를 구성해서 인상이 적절한지를 논의한 뒤 결정하자는 것이었다.

다시 말해 인상은 하되 대학이 독단적으로 결정하는 '묻지 마'식의 인상이 아니라 인상의 이유가 타당한지, 인상률 규모가 적절한지를 사전에 충분히 검토한 뒤 결정하자는 취지였다. 등록금 원가 공개제와 비슷한 개념이었다.

사례는 있었다. 관선 이사에서 시민대학 형식으로 운영되던 원주의 상지대학이 이 같은 방식으로 등록금 인상을 결정했다. 그 결과, 인상이 동결되는 경우가 적지 않았고 인상되어도 쥐꼬리만큼의 수준이었다. 등록금의 원가가 공개되어 있는데 뭐 그리 크게 인상할 필요가 있었겠는가.

등록금은 동결, 혹은 가장 낮게 인상했음에도 실력과 경쟁력은 급속도로 상승되었던 모범적인 사례가 시민대학으로 운영되던 원주의 상지대학이었다. 현실에서 구체적인 사례가 있으므로 그렇게 하자는 것이다. 이 제도는 미국의 제도를 그대로 벤치마킹했던 것이다. 미국도 전년도 3년간 물가보다 턱없이 높게 인상되어야 할 경우 인상 내용을 보고하고 공개해야 한다는 제도가 있는데 이를 벤치마킹해서 시행하자고 했던 것이 당시 제안이었다.

교과부는 예외 없이 실망스러운 대응을 보였다. 이 법안을 제출하자마자 대학을 들쑤신 것이다. 당시 교육부총리를 상대로 국회 본회의에서 따졌다. 참여정부가 1년밖에 남지 않아 힘이 거의 빠져 가고 있던 2007년 2월의 일이었다.

4. 정봉주의 快

정봉주 의원: 지난해(2006년 9월) 등록금인상제한법을 발의했을 때 교육부에서 이상한 대응을 하셨죠?

교육부총리 김신일: 정봉주 의원과 다른 두 의원님들께서도 등록금 관계 법안을 제출해주셨는데 매우 중요한 문제이기 때문에 대학들에게 대학등록금 문제에 대해서 관심을 가지고 방안을 제기하고 계시다 이런 것들을 알려주었습니다.

정봉주 의원: 아니요, 다른 의원님들에 대해서는 대학에다가 자문을 구하지 않았고 정봉주 의원 발의 법안에 대해서 대학들에게 간접적으로 알려주면서 올해 대학 처장단 회의에서 "정봉주 의원 법안 통과하기 전에 미리 올려야 한다"는 얘기까지 나왔습니다.

교육부총리 김신일: 교육부는 대학에다가 그렇게 얘기하지는 않았습니다.

정봉주 의원: 대학에다가 정봉주 의원 발의한 법안에 대해서 어떻게

생각하느냐? 9월 28일까지 답변이 없으면 이의가 없는 것으로 하겠다" 하셨지요. 교육부가 자상하지요.

교육부총리 김신일: 교육부의 입장을 정리하기 위해서, 그래서 문의한 것입니다. 다른 뜻이 있는 것은 아닙니다.

정봉주 의원: 제가 낸 법안이 등록금 인상 제한법이 아니라 대학 재정 수립의 정당성을 재검토하고 학교 구성원들이 함께 참여해서 인상 폭을 결정하자는 그런 내용입니다. 그런데 이것을 마치 등록금 인상 제한법으로 보고 대학이 공동으로 대응을 하고 있는 것입니다.

결국 교육부의 방조, 혹은 지원 아래 대학들이 강력하게 저항해 당시 이 법안은 통과되지 못했고 이후 등록금이 과도하게 인상되는 것을 막지 못했다. 공공성을 담보해야 할 교육부는 대학생 편을 든 것이 아니라 대학의 편을 들었다.

문제가 있거나 부패한 대학이라고 해도 교육부는 그 대학들 편이다. 교육부 고급 공무원들이 은퇴하면 그 대학의 고위 직원이나 교수로 가는 관행이 있기 때문이다. 그리고 그 은퇴한 공무원은 그 대학을 위해 교육부에 감사 축소 로비를 하거나 혹은 예산 지원을 받기 위한 로비 창구로 쓰인다.

교육부 직원들은 어떤가? 자신들이 가야 할 길이기에 전관예우를 하면서 그 로비를 기꺼이 들어주는 관계가 있기 때문에 온전

4. 정봉주의 快

히 대학의 입장에서 등록금 문제를 바라봤던 것이다. 그것은 지금도 예외가 아닐 것이다. 이런 먹이사슬 관계, 더 심하게 말하면 '어둠의 커넥션'이 있었기에 지금까지 대학등록금 인상을 막지 못했던 것이다.

치솟은 등록금은 생각보다 심각하다.

2000~2010년 10년간 대학등록금은 국·공립대는 2배, 사립대는 1.7배가 올랐다. 해마다 소비자 물가 상승률보다 2~3배 올랐다. 결국 현재 대학등록금을 정리하지 않고 반값등록금으로 가는 것은 무의미하다. 지금의 등록금은 오랜 기간 관리 감독을 받지 않고 무모하게 인상된 결과물이다. 그렇다고 한다면 현재의 등록금이 적정하다는 전제는 사라졌다.

그렇다면 등록금 문제에 대한 첫 번째 해결책은 부당하게 인상된 현재의 등록금을 무시하고 어느 정도가 적정한 등록금인지 표준등록금을 책정하는 것이다. 즉, 대학의 표준 등록금을 책정하고 이를 넘긴 대학에는 표준 등록금에 도달될 때까지 앞으로 몇 년간 지속적으로 등록금 동결 조치를 취해야 하는 것이다.

표준 등록금 선에 도달할 때까지 이런 조치는 계속되어야 한다. 2011년 11월 감사원이 35개 대학을 샘플링해서 감사한 결과 현재 등록금의 평균 12.7퍼센트에 해당되는 부분이 부풀려졌다는 결과이다. 심하게는 20퍼센트까지 부풀려진 경우도 있다. 이만큼 해당 대학의 등록금이 부풀려졌다면 부풀려진 만큼 등록금을 인하하는 것이 가능할 것이다. 이렇게 등록금 인상을 막아놓은 뒤 적정 표준 등록금을 책정해 놓아야만이 반값등록금 정책이 완성되는 길이다.

대학은 무기한 공사판

대학 재단이 보유하고 있는 누적 적립금도 문제이다. 일단 재단이 해당 연도에 학생들로부터 받은 등록금을 사용하지 않고 다음 해로 넘기는 것이 이월적립금이다. 이것이 재단에 쌓여 있는 것이 누적적립금이다. 이 누적적립금이 재단의 커다란 자산인데 이를 만들기 위한 다양한 불법적 요소를 보이고 있음이 십여 년간 계속 드러나고 있다.

일단 재정을 과다 계상한다. 재정 부풀리기다. 연초에 예산을 책정할 때 잔뜩 부풀리고 나면 연말 정산할 때 많은 재정이 남게 된다. 대표적인 것이 건축도 하지 않을 건물 건축비를 산정한 뒤 실제로는 건축을 하지 않는 등의 방식이다.

이외에도 여러 가지 방식들이 있는데 대학이 등록금을 인상하기 위해 가장 많이 사용하는 방식이 '재정 부풀리기 방식'이다. 연말 결산에서 재정이 남게 되면 알뜰하게 재정을 운영한 덕이라며 자신들의 공으로 돌린다. 그리고 이 재정을 다음 해로 이월시키는 방식이다.

다음 해로 이월한 적립금의 내역을 보면 대학이 얼마나 엉터리 대학이 등록금을 인상하기 위해 가장 많이 사용하는 방식이 '재정 부풀리기 방식'이다. 연말 결산에서 재정이 남게 되면 알뜰하게 재정을 운영한 덕이라며 자신들의 공으로 돌린다.

예산 책정을 하는지 알 수 있다. 2009년 결산 기준을 보면, 4년제 대학의 누적적립금 용도는 건축적립금 46퍼센트, 기타 적립금 34.8퍼센트였다. 도대체 대학은 얼마나 더 많은 건물을 지으려고 건축적립금을 46퍼센트까지 잡았는지 궁금하다. 학생 일인당 강의실 하나라는 전무후무한 목표라도 세운 건가. 아니면 누굴 닮아 삽질로 학생들의 취업 걱정을 해결할 생각이었나.

학생 수는 매년 똑같은데 건축에 대한 지치지 않는 탐욕을 언제나 끝낼지 궁금하다. 또 기타 적립금은 '묻지 마 적립금'에 가까운 성격이다. 어느 곳에 사용되든 관여하지 말라는 것이 기타 적립금인데, 거의 눈먼 돈에 가깝다.

주인도 없고 번지수도 없는 돈에 손이 가는 것은 어찌 보면 인간의 본능적 욕심일지도 모른다. 이러다 보니 사립대학에서 대학 교비 횡령사건이 끊이질 않고 있는 것이다.

정작 학교의 경쟁력을 강화할 수 있는 연구적립금은 9.2퍼센트에 불과했으며 적립금 중 학생에게 돌아가는 장학적립금은 8.6퍼센트에 불과했다. 이월적립금 중 학생에게 필요한 비율이 18퍼센트에 불과한 수준이라면 결국 이월적립금이 과도했다는 것이 입증된 것이다. 이월적립금이 과도하다는 것은 이렇게까지 재정을 남길 정도로 예산을 부풀려 책정하고 여기에 근거해 대학이 또 등록금을 높게 책정했다는 방증이다.

이월적립금이 이런 비정상적인 과정을 거치면서 축적되었기 때문에 대학등록금을 인하하는 데 국가 재정의 투입뿐만 아니라 대학에 축적된 이월적립금도 사용해야 한다. 대학재단에 있는 누적적립금은 엄밀히 따지면 대학 자체의 재정이 아니다. 현 재학생들의 선배, 부모님들이 낸 등록금 중 일부이다.

우리는 후배들의 고통을 덜어내기 위해 이 적립금을 사용하라고 이미 허락했다. 대학등록금 문제를 같이 고민하고 같이 촛불을 들고 있는 선배들, 그리고 반값등록금 정책에 동의하는 국민은 이미 동의한다는 위임장을 작성한 것과 다름없다. 마치 자신들의 노력으로 얻은 재정인 양 으스대는 대학재단 측은 이 돈을 자신들의 뜻대로 사용할 권리가 없다.

이러한 재정을 맡겨놓은 우리 선배 그룹이 동의했으니 현 대학생들은 당당하고 과감하게 적립금을 등록금 인하에 사용하라고 요구할 권리가 있다.

투표가 반값등록금을 결정한다

대학등록금 문제의 본질적 해결책은 등록금 후불제 정책이다. 앞에서 지적했듯이 사회적 수익률에 동의한다면 대학등록금 문제에 있어 국가의 책임이 더욱 막중하다는 것을 알 수 있다. 그렇기에 국가가 책임지는 후불제 정책을 취해야 한다. 국가, 가정, 개인, 그리고 대학 등 사회 구성원 전체가 행복할 수 있는 정책이 바로 등록금 후불제 정책이다.

등록금 후불제는 국가와 개인의 공동 책임정신에서 시작한다. 국가 재정을 동원해 학생들의 등록금을 지원하는 것이다. 학생들은 졸업 후 취업이 되면 상호 동의한 일정 수준 이상의 수입이 있을 때 의무적 상환에 접어든다. 상환할 때만 국가 정책자금 수준의 1~3퍼센트 수준의 저리 이자가 책정된다. 취업을 하지 못하거나 적정 수준 이상의 급여를 받지 못할 경우, 비정규직 등의 불안정한 고용 대상이 될 경우, 상환을 유예한다. 실업 상태나 불안정한 고용 상태는 자신의 책임도 있지만 국가도 이에 대한 책임을 면할 수 없기 때문이다.

등록금 후불제는 유럽형 대책이다. 미국형 대책은 학자금 융자 형태인데 등록금 문제에 기본적인 철학 없이 접근하다 보니 실패한 정책이 되었다. 다시 유럽의 형태로 전환해야 한다. 그것이 후불제 정책이다.

현역 국회의원이었을 당시인 2006년, 후불제 정책을 시행했을 때 2035년까지 향후 30년간 들어갈 재정을 시뮬레이션해보았다.

30년을 책정한 이유는 한 세대를 경과하면서 안정적 정책으로 정착되는 기간이며 동시에 후불제의 혜택을 받은 학생들에게 투입된 재정이 다 환수되는 시점이기 때문이다. 시뮬레이션 결과 30년간 134조의 재정이 필요했는데 이는 GDP 대비 0.3퍼센트에 해당하는 수준이었다.

막대한 재정이라 시행할 방안이 고민이었는데 MB 정권 들어 100조 원 가까이 깎아준 세금, 그리고 4대강 사업에 30조 원가량의 재정이 투입되고 지천 정비 사업에 들어가는 비용이 또 15조 원 정도로 계상된다고 하는 것을 보니 국가 예산의 우선순위 문제일 뿐이지 국가가 어렵더라도 감내할 수준의 재정이었다. 따라서 등록금 후불제 정책을 추진하는 데 아직도 늦지 않았다는 판단이다.

대학등록금 정책을 급격하게 후불제 정책으로 전환하려면 단기간 투입해야 할 재정 규모가 커질 수 있다. 실행에 많은 어려움을 겪을 수도 있다는 것이다. 따라서 반값등록금 정책을 시행하면서 투 트랙 전략의 최종 목표점으로 등록금 후불제 정책을 펴나갈 수 있다. 결국 종착점은 등록금 후불제가 되어야 하는 것인데 끊임없이 표준 등록금 제도와 상한제 정책은 시행해야 한다.

당신과 함께 달리는 한 사람을 기억하라

나름대로 열심히 정치를 하면서 달려왔는데 인정받지 못한 과정이 전체 정치 인생의 90퍼센트가 넘는 것 같다. 그래도 개의치 않고 앞만 보고 달려왔다. 마치 영화 '포레스트 검프'의 주인공처럼 열심히 달리고 또 달렸다.

처음에는 내 뒤에 나와 함께 달리는 사람이 한 명도 없었다. 그래도 앞만 보고 달리고 또 달렸다. 그랬더니 사람들이 함께 달리기 시작했다. 「한명숙 TV」도 달리기 시작했고 '정봉주와 미래권력들'도 달렸고 「나는 꼼수다」의 4인방도 같이 달리기 시작했다.

영화 '포레스트 검프'를 보면 뒤에 누가 따라오는 것에 신경 쓰지 않고 집착하지도 않는다. 그저 묵묵히 앞만 보고 달린다. 그곳에 무엇이 있는지 신경도 쓰지 않은 채. 그러다 보니 사람들이 붙었고 또 달리니 무엇인가 성과가 나오기 시작했다. 포레스트 검프는 세상에 말한다. "어떻게 목적을 사랑할 수 있느냐고." 목적은 목적일 뿐 인생에서 사랑할 것은 당신의 인생과 열심히 달리는 당신의 삶뿐이다.

삶은 행복이라는 고리가 하나하나 연결되어서 이루어지는 것이 아니다. 삶은 하나의 시련이 지나가면 또 더 큰 시련이 다가오는, 시련과 고통이 매 순간순간 연결되는 고통의 연속선이다. 누구든 이 고통이 끝나길 바란다. 그런데 어느 인생, 어느 삶 하나가 고통과 고민이 함께하지 않은 것이 있겠는가.

만일 있다면 그것은 느끼지 못할 순간의 찰나에 불과할 것이다. 그것은 진정한 인생이 아니다. 그것은 소모되는 인생이다. 인생은 고통이 연결되는 것이다. 그 고통을 극복하는 과정에 발전이 있고 소득이 있다. 성과는 고통을 극복할 때 이루어지는 것이다.

고통은 피하고자 하는 사람에게는 고통이지만 고통의 본질을 꿰뚫어 보면서 정면으로 직시하고 그것을 받아들이고자 하는 사람에게는 더 이상 고통이 아니다. 그저 인생의 한 측면, 한 단계, 한 순간에 불과한 것이다. 고통을 정면으로 응시하는 것, 피하지 않고 당당하게 맞이하는 것, 그것이 인생이다. 피하는 것은 고통과 시련에 굴복하는 것이다.

고통과 시련에 굴복하지 말고 달려라! 우리들 인생은 온갖 고통의 순간을 뚫고 지나가는 자전거와 같다. 자전거는 멈추면 넘어진다. 넘어지는 순간 그것은 고통이다. 고통에 패배하는 것이다. 시련에 굴복하는 것이다. 달려라! 넘어지지 않게! 지금 고통스런 순간도 달리는 순간 잊힌다. 달리는 인생, 어떤 시련도 피하지 않고, 정면으로 응시하는 인생, 달리는 순간 당신은 이미 성공한 인생의 주인공이 되는 것이다.

달리고 또 달려라! 달리는 그곳에 당신의 손을 잡고 함께 달리는 정봉주가 있다. 우리가 우리 인생의 주인공이다. 손잡고 정봉주와 함께 달리자. 당신이 달리면, 달리는 곳 어디든지 바로 당신과 함께 달리는 사람이 있다. 바로 정봉주다. 우리 모두 함께 희망을 안고, 달려라 정봉주!